迷走する民主主義【目次】

はじめに

ひと昔前までは、日本の政治といえば、長く一党優位と官僚支配、保守性と停滞が特徴とされてきた。だが周知のように、近年の日本の政治は比較的短い間にかなり大きな変化を経験してきている。二〇〇九年夏には長らく統治してきた自由民主党から、民主党を中心とする連立政権への政権交代があったが、それは長くは続かず、二〇一二年末には自民党が政権に復帰した。ただし、これで過去の自民党政治に戻ったのかというとかならずしもそうではない。安倍政権は特定秘密保護法制定や集団的自衛権の行使容認など一挙に右派的な政策をとり、憲法改正を画策するなど、伝統的な自民党政治（保守本流）が封印してきた路線を実行しようとしていることで、多くの人々を驚かせている。

こうした近年の政治の流れの速さは、民主主義思想の視点からはどのように評価されるだろうか。かつては政権交代の不在や利益政治の旧態依然なあり方が批判されてきたことから考えれば、変化が目立つことは日本政治にとって画期的なことであるかのように見える。政権交代時のように、そうした楽観的な見通しが支配的な時期もあった。しかし、このような変動の経験を通して、われわれが民主主義によって何らかの成果を得たかというとそれは疑わしく、逆に代表制民主主義に対する不信が高まっているように思われる。

＊

民主党政権成立時には、改革を進める強いリーダーシップが期待されたが、実際なされたことは政策の迷走や恣意的な政治の運用であり、有権者の期待は程なく失われた。代わって登場した安倍自民党政権は、当初は民主党に任せるわけにはいかないという消極的な世論に支持されて発足したが、その後顕著な右派的路線をとるようになる。閣議決定によって集団的自衛権の行使を認める憲法解釈を行なうとともに関連する安保法制を通過させた。このような政治のやり方に対して、選挙で多数の支持を得たからといって、数に頼って自らの政策を強行するのは民主主義的だといえるかどうかには深刻な疑問の声が上がっている。

民主主義について深刻な疑問が生じているのは、このような安倍内閣の独走に関してだけではない。二〇〇九年の政権交代時とは対照的に、国会では自民党の圧倒的多数に対して民主党など野党は低迷が続き、「一強多弱」の勢力配置となって久しい。再び政権に復帰できるような力を野党勢力が今後持ちえないならば、政権交代をともなう二大政党制の確立を目論んだ政治改革自体が失敗ということにもなりかねない。

このような政党政治の低迷を背景に、他方では住民投票などを利用し民意に直接支持されていることを根拠として、独裁的なリーダーシップを志向する政治家が出現している。民主主義を「委任された独裁」とみなす見方は、本文で述べるように、二〇〇九年の政権交代の頃からみられたものであり、また地方の首長にはこうした手法を用いる者がしばしば出現している。

こうした政党政治の衰退の一方で、代表民主政とは領域の異なる「社会運動」のなかに民主主義の活路を求める動きが活発化しているのが最近の特徴である。反貧困や反原発、そして安保法制に反対する運動などに見られるように、選挙での議席の獲得よりも、市民の直接的な意志の表明によって社会を変えていこうとする点に、これらは特徴を有している。

歴史的にみても、民主主義を選挙を通じた代表者の行動に限定するのは狭すぎる考え方であるから、こうした社会運動に民主主義への希望を見出すことは十分理にかなうものであろう。しかし当の運動にかかわっている人たちからも、民主主義に対する危惧が語られている点が重要である。もし「民意」の多数が本当に集団的自衛権の行使や改憲に賛成することになれば、そうした民主的決定に反対することができるのか、民主主義によっても奪えないようなより高次の規範は存在するのか、などについて深刻な反省がなされるようになっている。一般的な理解としては戦後の理念のなかでこれまであまり区別して考えられてこなかった民主主義と立憲主義との関係が、対立も含むものとして問い直されている。

このように、たんに混乱しているというだけでなく、民主主義とは何か、民主主義をどのように考えるべきであるか、といった根本的な問いが、あらためて提起されなければならなくなっているのが現状であるといえよう。

*

ここでクローズアップされてきたことのひとつは、「戦後」民主主義を再検討することである。安倍政権は明文上の改憲を行なうかどうかにかかわらず、日本国憲法に代表されるような「戦後」の清算を目指してきた。そして反対運動は、「戦後」の価値を守ることを強く志向するようになった。安保法制をめぐる攻防によって、遠い昔の話のように思われていた「六〇年の安保闘争」の記憶がよみがえっている。安倍政権の暴走が危惧されるなかで、保守本流の再評価であるとか、五五年体制の方がいろいろ問題はあっても今より良かった、という声さえも聞かれる昨今である。

これは二〇〇九年の政権交代時の世論を振り返ってみるならば、驚くべき転換といえる。

政権交代に期待した人々の多くは、戦後日本政治の不毛を批判し、それらを克服することを民主党などの新政権に期待したのだった。何よりも改革を急ぐことが大切であり、改革に反対して戦後政治の旧弊を維持することなど問題外だ、というのがこの時期の世論の趨勢だったのである。

もちろん、「戦後」政治ということで何を意味するかが同じだったわけではない。冷戦時代から引き継がれた五五年体制での政治慣行を指すのか、それとも憲法に体現された平和と民主主義の精神を指すのかで話は大きく変わってくる。政権交代時に克服すべきだとされたのは主として前者の方だった。しかし両者は無関係というわけではないし、そのとき憲法的価値に代表される方の「戦後」をどうすればよいかについて真面目に検討されていたわけではなく、慎重な配慮なしに改憲への抵抗感が取り除かれていったのだった。

そのような経緯を考慮に入れるならば、昨今の憲法問題を含む日本の民主主義の深刻な問題を検討するためには、少なくとも二〇〇九年の政権交代の時点までさかのぼる必要がある。政権交代後の改革政治の失敗こそが、自民党政治に戻る以外のオールタナティブがなくなった直接の理由であることは明らかだからである。

民主党政権とは何でありなぜ失敗したのかという反省や検討は、たしかに一部ではなされているが、あの政権交代時の期待や興奮の大きさと比較してみれば、ほとんど何もなされていないに等しい。また数少ない反省にしても、たとえば「官僚にやられた」とか「小沢一郎を排除したのは失策だった」とかいうような、技術的あるいは戦術的な失敗を問題にするにとどまっているものが多い。復帰した自民党政治に対するオールタナティブが出てくる様子がないのは、過去の失敗に関する真面目な検討がほとんど行なわれていないことも原因のひとつであろう。

これは民主党だけでなく、それを支持した学者やメディアの責任でもある。丸山眞男は「日本の思想」の特徴を、変化が構造化されて蓄積されることなく、一時の流行として消費され過ぎ去ってゆくだけだという点に求めたが、最近の日本政治のあり方は、残念ながら丸山以来何度も言われてきたことの反復ではないかと感じざるをえない。

＊

じつを言うと、本書はもともとずっと以前の政権交代時、民主党新政権が圧倒的な支持を得ていたときに、これではまずいのではないかと言おうとして構想しはじめ、その後、政治の変化に応じて何度も書き直してきたものである。私の政治についての見通しなど、これまで当たったことはないが、今回は例外だった。

小泉政権以来、新自由主義にシフトした自民党政治に対する批判者として、私は民主党の存在には意義があると考えてはきたが、二〇〇九年の政権交代時の民主党のマニフェストの内容および政治権力についての考え方に接して、それらには大いに問題があるように思われた。それにもかかわらず、メディアや世論がお祭り騒ぎに浸っているのは、かえって将来的には大きな反動をもたらす恐れがあり、民主主義思想からする問題点を書きとめておこうとしたのが、本書の出発点だった。その結果は予想以上の早さでの民主党政権の失墜であり、そのために本書のもともとの案（本書第Ⅱ部を中心とするもの）は、批判の対象と発表の機会を失ってしまった。

しかしいろいろと迷ったあと、民主党政権の問題点を検討したもとの部分に、その後書き加えた部分、すなわち、現代世界の変動のなかで民主主義が直面している困難についての考察（第Ⅰ部）、そして金融恐慌や大震災というカタストロフを経て民主主義思想が何を考えるべきかを検討した部分（第Ⅲ部）を合わせて、あらためて世に問うことにした。

もうすっかり過去のものになっている民主党時代の政治を、民主主義思想の観点から再検討する必要があると考えるのは、先にも触れたように、たとえば戦後政治の清算とか、民意を背景にした強いリーダーシップによる改革の政治とかいったものは、政権交代時から今日の安倍政権に引き継がれている面があるからである。そういう意味では、民主党時代の政治思考を批判できなければ、現在の自民党政治を批判することもできないのである。

ことに、その間に生じた大事件として、二〇一一年三月の東日本大震災の記憶を抜きにすることはできない。この惨禍がかならずしも偶然の自然災害にとどまらないように思われるのは、近年の政治・経済・社会の抱える数限りない問題が、大震災に直面して一気に噴き出したということがあるからだろう。大震災は、人間と自然の関係および人間相互の関係の両面において、文明と社会の依って立つ基盤がはなはだ脆弱であることを圧倒的な力で見せつけた。この経験は、われわれの日常生活のあり方の自明性に反省を迫るものでもあった。このような危機への対処を期待されながら、それに応える政治がなされたとは言えなかったために、政治への失望感がいっそう強まっていく契機ともなった。

ただ、大きな不幸が発生すればとりあえず政治の責任が追及されるというのは、誰かに責任を負わせることで直面する不条理感から脱したいという人々の欲求にもとづく、陳腐と言えば陳腐な事柄であるとも言える。メディアの政治批判の多くは、むしろ政治を批判する側の能力の欠如を示すものだとも言えた。

大震災時を含め民主党政治への批判に欠けていたのは、政治に何ができて、何ができないのか、という政治の自己限定についての認識である。カント風の表現を借りて、「政治的理性批判」と言ってよいかもしれない。現代の複雑な社会にあっては、民意に支えられた民主主義といえども、何でもできるというわけではないし、万能と思いこむ政治は、社会に無用な混乱を招くだけで自壊してしまうだろう。二〇〇九年政権交代時のように、政治に過剰な期待が寄せられるさいには、こうした政治の自己限定という必要な作業が忘れられてしまう。

たとえば政党や政治家を「採点」することは政権交代の前後からメディアにおいてさかんに行なわれてきたが、そこで認識の外に置かれていたのは、政治を評価したり批判したりする座標軸自体をわれわれが失ってしまっているのではないか、ということの認識だった。

＊

先にも触れたように、近年の政治に関する言説を見ていて印象づけられることは、その時その時で、何か新しく見える発想や、閉塞感を打破してくれそうに思われる人物、耳触りの良さそうなフレーズといったものが、いきなり持ち上げられ画一的に言論界を覆うが、時間の経過のなかでたちまちそれらは忘れられ、人々の関心は別の対象へと移っていくことであり、さらにそのような変化の理由が説明されないことである。必要なことは、そのような新しさや変化の速さに抵抗し、それよりは長い時間軸で、本当に意味のある変化とは何であるかを考えることである。

近代社会において、政治とりわけ民主主義は、自己反省的（self-reflexive）な営みである。言いかえれば、民主主義とは何であるか、どうあるべきか、という知的な問いや議論が、民主主義自体のプロセスのなかに不可欠の部分として織り込まれているということである。

私は政治学者ではないし、本書では政治学の専門知の視点からする政治分析は何もなされていない。本書の目的は政治分析にあるのではなく、こうした自己反省的な営みとしての民主主義のあり方と、それが直面する困難とを読者とともに考えてみることにある。

I 民主主義の苦境

2015年、緊縮策への反対を叫ぶギリシアのデモ隊(photo © AFP=時事)

†民主主義とは何か

民主主義(民主政)は古代ギリシアの諸ポリスにさかのぼる長い歴史をもつが、本書で問題とするのは「近代民主主義」である。近代社会で擁護される価値には、個人の自由や尊厳が含まれている。近代民主主義は、このような個人の自己決定を尊重する政治原理だと言うことができる。

しかし、民主主義が個人の自由や尊厳を脅かすことがないかというと、そういうわけでもない。民主主義は共同的な意志形成やその遂行である以上、それを構成する諸個人の意志と対立する場合が避けがたく、多数者が賛成したからそれが民主的決定だ、とは言えない問題が発生してくる。たとえば民主主義的決定によっても奪えない個人の自由の領域を画定する問題や、少数者・少数意見を保護し尊重する問題などである。

こうした問題を切り抜けながら、民主主義は二〇世紀には世界の指導的な政治原理となり、今日まで何とかやってきた。二〇世紀にはファシズムや共産主義といった民主主義と対立する思想の挑戦を受けたが、これらはいずれも失敗し、二〇世紀末には自由主義的民主主義が勝利して、それに取って代わるものはないとされるに至った。また第二次世界大戦終了時点では、民主主義の実現している地域は、欧米先進国の範囲をあまり越えるものではなかったが、その後植民地の独立を経て非ヨーロッパ世界へと飛躍的に拡大していった。

†民主主義の行き詰まり?

いまや民主主義を公式に否定する政治勢力はほとんど皆無となった(もっともいわゆるイスラーム過激派勢力が今後どうなるかは予断を許さない)が、何を民主主義の根本と見るかについて、決して意見は一致していない。たとえば、各国で採用されている政治制度としての民主主義は、議会制や大統領制を採って、選挙による有権者の政治参加の機会を提供しているが、有権者の政治への関心度は低いことが多く、またこのような代表制に満足しない人々が、しばしば直接的な大衆運動に訴えてきた。本来の民主主義は、選挙など公式の制度に限られるべきではない、という立場と、そのような大衆運動を危険だと考える立場とのあいだで、民主主義についての考え方は大きく食い違っている。

もうひとつは、資本主義と民主主義との関係である。かつて多くの知識人や労働者が資本主義から社会主義への移行を望ましいと考えていた。しかし、その夢が破れ、共産主義体制の崩壊によって、経済システムとしての資本主義の優位性が認められた。社会主義が敗北したのは、それが経済的に非効率だということもあるが、それに加えて国家主義的な統制が民主主義と両立しがたいと考えられたことも大きい。

それでは、資本主義と民主主義は問題なく両立するのだろうか。資本主義における市場を通じた分権的な意志決定は、社会主義と違って分権的な民主主義と親近的だとも考えられた。しかし、とくに後に述べる新自由主義的政策によって、市場の自由の拡張とともに政治（民主主義）によって決められる範囲が実質的に狭められ、また市場原理による貧富の差の拡大が先進諸国でも顕著になって、民主主義の前提である平等性が損なわれつつあることも問題視されてきている。

さらにこのことは、一国の範囲を越えた民主主義の変化ともかかわっている。国境を越えて展開するグローバル資本主義を、民主主義はどのようにコントロールすればよいのか、という問題である。また、資本主義の世界的展開に応じて、国境を越えた人の流動も活発になり、民主主義的シティズンシップを持った本国人とそれを持たない外国人という、従来当然とされていた区別が問題とされるようになった。近代の民主主義は国民国家と同時的に形成されたが、本来的に民主主義が国民国家の枠内にとどまるべき根拠はなく、グローバルな民主主義をどのように形作っていくかが、今後の課題となっている。

このように民主主義には近年新しい進展とみられる点もあるのだが、現在、先進諸国では多くの点で民主主義の行き詰まり感が増している。たいていの政府が財政赤字を抱え、実行可能な政策の枠が限られる条件下で、既存の政党はいずれも有効な対応策を見出すのに苦労しているが、有権者はこれに不満を持ち、政治への信頼感が低下しているという状況が一般的になっている。二〇〇八年の世界金融危機は、民主主義の苦境をいっそう厳しいものにした。一時は市場の救済者として政府に期待が集まったが、それはやがて失望へと変わった。外国人や少数者を敵として名指したり、ナショナリズムを煽《あお》ったりする政治家も、あちこちで台頭している。こうして、民主主義とは何かをあらためて問わなければならない時代が到来した。

第1章　「民主主義の終わり」、それとも「民主主義の過剰」？

†民主主義の終焉論

民主主義についての悲観的な見方が、ここ二〇年ほどの間に欧米で強まってきている。日本語訳されている書物の表題だけを取り上げてみても、『デモクラシー以後』（エマニュエル・トッド）、『ポスト・デモクラシー』（コリン・クラウチ）、『民主主義への憎悪』（ジャック・ランシエール）といったように、一見して民主主義に悲観的なものが目立つ。社会的不平等が進み、貧困など社会問題が多発しているのに、議会制はうまく機能せず、人々が政治に不信感を募らせているのは、先進諸国に共通して見られる現象である。

二〇世紀は平等化と政治参加が進んだ世紀であったのに対して、二〇世紀末から方向は逆転し、民主主義の無力と不平等の時代へと変化している、とされる。そのほかテロ、経済危機、大自然災害などにより「安全」が脅かされている世界には、もはや民主主義は適さず、独裁的な強い政治権力がふさわしい、というような見方さえある。意外かもしれないが、「民主主義はもう終わりかけているのではないか」「民主主義に将来はないかもしれない」というような悲観論は、今では珍しくないのである。

しかし、このような民主主義の終焉論には奇妙な点がいくつかある。まず、世界規模でみれば、通常の意味で（たとえば普通選挙権や議会制の達成など）民主主義的だと見られる国々は、一九八〇年代末の東欧革命に始まり、アジアなどでの軍事政権から民主的政権への移行、そして最近の「アラブの春」に至るまで、増加することはあっても、民主主義以前へと逆戻りすると考えるのは現実性に乏しい。

また先進諸国においては、公然と民主主義に反対する人の割合はごく小さい。実質的には独裁や市場原理主義に傾く立場の人でも、民主主義そのものに反対することはまれであり、自分たちの意見こそ民主主義的だと主張することが多い。そういう意味では、内容は別としてわれわれのほとんどは「民主主義者」なのであって、民主主義は今もなお勝利し続けている政治的観念だと言っておかしくないわけである。

しかしその一方で、とくに日本を含む先進諸国において、民主主義への希望が薄れ、その能力への失望感が高まってきていることもまた確かだというべきだろう。日々の報道で私たちが眼にするように、貧困や格差の拡大、グローバル化のもとでコントロールできなくなった金融市場、機能しない政党政治等々、民主主義の限界を示す事象は増え続けている。

†社会民主主義の視点

民主主義は勝利したのか、それとも終わりつつあるのか。このように印象が分裂するのは、民主主義という観念が、われわれの時代の政治的議論のなかでもっている曖昧な意味と位置に由来するといえよう。勝利したとされる場合の民主主義と、終焉しつつあるとされる場合の民主主義とでは、その意味とニュアンスとが非常に異なっている。まずは、民主主義が終わりつつあるという危惧を表明する立場、その代表として社会民主主義的（左翼的あるいは中道左派的）な視点からする議論を簡単に紹介してみよう。

社会民主主義とは、社会的平等が民主主義の基礎であるとともに、民主主義の目指す目的でもあるとする立場だと言えよう（同時に、共産主義のような暴力的な方法を否定する立場でもある）。この立場にとって、民主主義が危機にあるといっても、何かファシズムや共産主義のような外部勢力によって制圧されることを恐れているわけではない。たしかに、外国人排斥を主張してヨーロッパで一部の人気を得ているネオナチやその他の極右勢力があり、またイスラーム主義の一部が原理主義化して恐れられている、ということもある。しかし民主主義にとってはむしろ、新自由主義によって市場原理主義へと変質した資本主義こそがより重要な「内部の敵」なのではないか、という疑いが生じている。

ベンジャミン・バーバーの書物の表題（『ジハード対マックワールド』一九九七）を借りれば、「ジハード（聖戦、原理主義）」だけでなく「マックワールド（コンピュータとファストフード、世界資本主義）」もまた民主主義を阻害する要因だということになる。制約されることのない資本主義によって、民主主義は表向きは否定されないものの、その平等や参加という実質を奪われつつある。二〇世紀を通して一緒にやってきた資本主義と民主主義の両立が果たして可能なのかが、あらためて問われているのである。

イギリス労働党系の政治学者であるクラウチは『ポスト・デモクラシー』（二〇〇七）のなかで、民主主義発展の「放物線」について語っている。彼によれば、二〇世紀中ごろまで発展してきた民主主義は、頂点に達した後、方向を転じて衰退へと向かっている。この民主主義の盛衰は、それまで進行していた社会的平等化の方向が、不平等へと向かったことと並行している。こうした悲観論は、かなり多くの社会民主主義系の知識人によって共有されているようである。

†「スーパー資本主義」の台頭と社会の二極分化

さて、問題はこのような「民主主義の終わり」をもたらしかねないような変化がなぜ生じたかということである。それには資本主義の変化と、それを支えるイデオロギーの変容が二重に関わっているといえる。

まず資本主義自体の変化であり、その転換点は一九七〇―八〇年代に置かれるのが一般的である。この変化をロバート・ライシュは、「民主的な資本制」から「スーパー資本主義」への変化として表現している（ライシュ 二〇〇八）。かつて資本主義と民主主義とは比較的友好な関係にあったと彼は指摘する。第二次世界大戦後、アメリカをはじめとする先進諸国の資本主義は好適な発展の条件に恵まれた。戦争からの復興のために需要は膨大であり、大量生産と大量消費から生じるメリットを享受できた。その利益は労働組合を通して国民一般に配分された。労働者はもう飢えの危機にさらされることなく、資本主義社会で安定した生活を保障されるようになった。高い賃金を保障することは、それを通して旺盛な購買力が生み出されることを意味し、労働側のみならず企業側にとっても長期的には有利だと考えられた。

こうして富は一握りの金持ち階層に独占されることなく、社会に広く浸透して、豊かな中産階層の厚い層を作りだした。こうした受益層が政府の「リベラル」で平等主義的な政策を支持し、民主主義を支える安定した好循環ができあがっていった。

一時的に過少消費による景気後退があっても、政府がケインズ主義的な需要増大策で介入することによって、かつて資本主義には不可避だとされていた恐慌を回避することができると考えられていた。先進国に限った話ではあるが、広汎な人々が貧困や飢えの不安など全く気にせずに人生を送ることができるようになったのである。

しかしこうした資本主義の全盛が、さまざまな偶然によって可能になっていたことも否定できない。ひととおり需要は満たされたうえに、後発の産業国からの安価な製品が流入して、これまでのように企業は安定した利潤を得ることが難しくなった。モノを売ることは以前のように容易ではなくなり、消費者の満足感に敏感に対応せざるをえなくなった。それまで二〇世紀企業の特徴として「所有と経営の分離」が言われていたのに対して、この頃から株主は、発言権を行使して経営に介入し、より短期的な収益を求める傾向が顕著になった。そのなかには、公務員や企業の年金基金など公益に関係の深い資金を運用する「機関投資家」も含まれている。

こうして、労働賃金はもっぱらコストと考えられるようになり、雇用を削減する企業の株が上がるなど、株主の直接的な利益に沿った企業行動が金融市場において支持される傾向が強まった。その結果、正規雇用は減らされてパートや派遣などの非正規雇用に置き換わり、所得分配の格差が顕著に拡大していった。労働組合は衰退して、社会は個人主義化し流動的になった。現代アメリカにおけるように、ごく一握りの人々（大企業のCEOや投資家など）が、社会の富の大半を所有する一方で、一生働いても富を蓄えることが困難な膨大な低所得者層が生み出される。豊かだった中間階層は没落し、社会は二極分化の様相を呈するようになる。

†新自由主義（ネオリベラリズム）

このような過程に関係しているもうひとつの点として、イデオロギーのレベルでの変化も重要であろう。資本主義自体はシステムであって自ら語ることができないが、その変化を弁護してきたのが「新自由主義（ネオリベラリズム）」と呼ばれるイデオロギーである。その内容は（詳しくは後で触れるとして）、単純に言えば政府に信用を置かず、市場に合理性を見出す考え方である。このイデオロギーは、先進国の資本主義や経済成長に翳《かげ》りが見えるようになった一九七〇年代から強まり、七九年から八一年にかけて相次いで成立した、イギリスのサッチャー保守党政権とアメリカのレーガン共和党政権の指導原理となった。新自由主義にあっては、資本主義の原動力としての企業家精神や勤労が称揚される一方、福祉の受益者および再分配を行なっている政府の官僚制は、資本主義の発展を阻害する怠惰や不能率の原因として糾弾される。税金は強制であり自由の剝奪であるとして、政府支出の縮小が正義にかなうとされる。政府に頼らず、自己責任で生きることが、市民のあるべき姿だとされる。

このような新自由主義の導入によって、民主主義の考え方や実態もまた、根本的な変化を被ることになった。新自由主義に立つ者は、自らの立場こそが民意の反映であり民主主義的だと説くが、民主主義の実質は著しく変化している。「民主主義の終焉」を危惧する論者たちは、ここに大きな問題を見出している。

政府による再分配機能が批判され縮小したこと（累進税率の緩和、高所得者層に対する減税、福祉サービスの切り下げなど）により、収入格差が非常に大きくなった。民主主義の基礎である社会的平等を、新自由主義は掘り崩している。平等が失われ両極分解した社会では、民主主義はうまく機能しない。そして資本主義的効率を最重視するこの政策のもとでは、経済的な弱者の声は政治に届きにくい。そしてこれまでの一国単位で考えられてきた民主主義の範囲を超えて企業が展開することによって、政治（民主主義）が企業をコントロールすることが、きわめて困難になってしまった。民主主義は非常に無力なものになり果ててしまったのである、と。

†世論はなぜ新自由主義的政府を支持したのか

このような社会民主主義側からする批判には一定の理があると私も思うが、この批判側の立場が説明しなければならないことは、こうして弱者に厳しく到底その利益にはなりそうにない新自由主義的政府が、なぜ世論によって多く支持され選挙で圧勝してきたか、という謎である。低所得者層の方が富裕層よりも数で勝っているはずなのに、ひとり一票の形式的に平等な選挙において、富裕者に有利な政策を展開する政治家や政党が勝利するのはいったいなぜなのか。日本でも二〇〇五年の選挙において、新自由主義的改革を推進する小泉純一郎の自民党が圧勝を収め、低所得の若年層がこれを支持したのは不可解な事実であった。

これにはさまざまな答えが考えられる。ひとつは政治家や政党の側のイデオロギー的な宣伝が効果を収めてしまうケースである。レーガン大統領の二期目の選挙戦では、普通の働くアメリカ人の勤労の美徳を称える広告戦術が用いられたが、新自由主義のもとではもはや膨大な富は労働とはあまり関係なく、金融市場から生み出されている。経済の現実的な過程を有権者が見通せなくなってしまい、ショーアップされた劇場的選挙によって眼を眩《くら》まされた有権者の判断力の喪失が勝敗を左右しているのだというわけである。

つぎに、低所得者層にとって、政治への関心が薄れてきていることがあげられる。どの党に投票してもたいして変わりはない、というような政治の有効性感覚の低下である。以上に特徴づけたような民主主義の衰退が、人々の政治的関心や期待を奪い、そのことが代表制においていっそう反民主的な政治家や政党を選出するのに貢献している、といった悪循環である。

しかし、以上の説明でもなお、新自由主義的な政府が、一般の人々からときに熱狂的な支持を得て積極的に選出されることを十分に説明するものではないかもしれない。そこには、政治社会を構成する前提（構造や文化）が何か根本的に取り替えられてしまったのではないか、と考えてみる余地がある。著名な社会学者であるジグムント・バウマンは、この「新しい貧困」と、それを拡大する政府が選ばれてしまう背景に、「生産者中心の社会」から「消費者中心の社会」への転換を見出している（バウマン 二〇〇八）。

バウマンによれば「勤労の倫理」が終焉し、替わって「消費の美学」が人々の意識を捉えるようになった。貧困は恥ずべきものとして、「明るい」消費社会から隠され、見えないものにされてしまった。かつては誰もが貧困に陥るリスクを負っているということから、福祉を維持する負担は社会全体で負うべきだという考え方が一般的であり、それが社会民主主義的な福祉国家を支えてきたが、今では福祉は一般人とは関係の薄い特殊な人々のためのサービスと考えられがちになった。そのために、福祉のための支出はできるだけ小さくし、税負担を減少させるべきだという考え方が世論の支持を得るようになった。不幸の断片化と不可視化が進行してきたため、会社の倒産や経済危機など誰もが貧困リスクを負う確率が高くなった現在において、皮肉なことに福祉は支持を失ってきた。

人々は言うまでもなく、さまざまな資格や立場で社会生活に関わっている。消費者というのもそのひとつであるが、その他生産者であり、職業人であり、投資家であるかもしれない。またコミュニティの一員であり、また非常に漠然とした言い方ながら「市民」としても関係する。

ライシュは、人々のなかにある「消費者」「投資家」という面と「市民」という面とを対比したさいに、著しく前者に傾くことになったのが「スーパー資本主義」時代の特徴であるという。人々はこれまで以上に価格に敏感に反応して行動するようになり、商品を「より安く」提供することが、消費者の立場から強く企業行動を規定するようになった。そのために企業はあらゆるコストをカットし、それが労働者のレイオフや賃金切り下げにつながって低所得者層を生みだしていても、消費者的行動をとる人々（当の低所得者層を含む）からは支持されることになるのである。

†民主主義は資本主義に従属する

こうして、社会民主主義系の論者たちによれば、民主主義は新自由主義政策のもとで、資本主義に従属を余儀なくされ、縮小している。民主主義と資本主義とが両立していた二〇世紀から、われわれは程遠いところまで来てしまった。

民主主義を再建するためには政治によって資本主義を制約する必要があるのだが、それはきわめて困難である。なぜなら、「生産者」や「市民」に代わって「消費者」的な主体性が優位に立った現代社会では、新自由主義的政策（行政サービスのカットと減税）が、それによって決して有利にならない層によっても支持されてしまい、実質的に民主主義を縮小する政策を掲げる政党が、民主主義的な選挙手続きによって選ばれてしまうからである。その結果、社会民主主義政党でさえ、支持を失わないためには、保守側の新自由主義に追随せざるをえなくなっている。

このような資本の独走に対して、チェック機能が考えられていないわけではない。まず企業経営内部のレベルでいうと、たとえば最近では取締役の多くを社外に求め（社外取締役）、株主の利益のために経営者（CEO）を監視させるコーポレイト・ガヴァナンスの考え方が普及している。また企業には、顧客、従業員、地元自治体、住民など株主以外にもさまざまな利害関係者(ステイクホルダー)が存在し、これらの利害を考慮に入れた企業の社会的責任論(CSR)がさかんに論じられてきている。さらに世論の働きがある。NGO団体など企業活動を監視するグループによって、企業による環境破壊や低賃金労働などが告発されてきた。このような世論喚起は、企業イメージを大きく左右し売上げにも影響を与えるため、企業も無視することのできない現実的な力を得るに至っている。

しかし、このような企業の監視の方法が、民主主義にとってどこまで有効であるかは、かならずしも楽観できる状態ではない。ステイクホルダーの意見は株主(ストックホルダー)の利害と対立するようなときでも聞き入れられる可能性があるのだろうか。企業イメージはたしかに重要だが、このところ企業側が先手を取って、環境にやさしい企業、地域に貢献する企業といった広告を打っている。環境も地域貢献も実際以上に強調されて、企業イメージ戦略のなかにはじめから取り込まれていたりするわけで、ライシュも言うようにCSRにもとづく企業監視の効果も疑わしいのかもしれない。また企業を制約するのがほぼ消費者の視点に限られるのであれば、消費者を志向する企業の戦略とそうたいして変わらなくなってしまうともいえる。

以上紹介してきたように、消費者的な視点が社会全体に拡張しており、政治もまたその例外ではなくなっている。たとえば選挙において有権者が政党や政治家を選択する行動が、消費者の商品を選ぶ行動と、ますます類似のものとみなされるようになってきており、よく知られているように選挙には広告代理店などが参加してマーケティングの手法が用いられるようになっている。

公的なものを私的なものに還元するのは、新自由主義に一般的なことであるけれども、なぜ商品を選ぶように政治家を選んではまずいのか、という問いは民主主義の概念全体についての考え直しを必要とする重要な問いである、と私は考えている。

†民主主義が独裁の温床になる⁉

今度は逆に、現代では民主主義が過度に強くなることが、健全な政治や社会を崩壊させている、という、一見反対の言説について検討してみたい。ただし、民主主義の意味がかなり異なるために、両者の説は見かけほど対立しているわけではない。

民主主義は歴史的に見て、貴族制などの身分制を打破し、平等な市民に担われる政治を創出してきたのだから、平等を良く思わない者たちからは、民主主義は上品な（貴族や上層市民たちの）文明を破壊するものだとする批判が繰り返し出てきたのは、十分理解できることである。一九世紀のヨーロッパでは、民主主義が多く社会主義者たちによって担われたこともあって、社会主義を恐怖する人々からは、民主主義は文明にとっての危険思想と考えられることも多かった。

ただ、このような民主主義に対する恐怖や憎悪は、二〇世紀になるとアメリカを中心とした民主主義文明が世界的に優勢になること(「アメリカニズム」)によって衰退していく。そして労働者階級の生活が底上げされ、広汎な中産階層が形成されて、先進国の大多数の人々がこの民主主義的な文明から恩恵を受けることによって、民主主義への支持が強まった。

しかし、とくに先進諸国の人々は近年、このような民主主義の趨勢に満足しなくなり、民主主義を呪詛《じゆそ》する感情も現れるようになった。たとえば「平等な」関係にある他の人々に対するさまざまな憤懣《ふんまん》によって生じる感情である。民主主義は人々に権利主張ばかりを教えて義務を軽蔑させ、公共心を失わせている。民主主義は流行への大勢順応を促して、文化の低俗化をもたらしている。民主主義のもとでは、人々がもっぱら私的欲求の満足を政治に求め、それが満たされないと政府を憎悪する。現実の政府に失望した人々は、強い権力で問題を一気に解決してくれそうにみえる独裁者を求める。民主主義は独裁と反対ではなく、むしろ独裁の温床を形作っている。

このような見方からすれば、消費文明による欲望の増大や平準化といったことは、先の社会民主主義的立場からの危惧とは異なって、民主主義の反対物ではなく、むしろ民主主義によってもたらされた弊害（つまり資本主義と民主主義は同じことの両面）ということになる。

こうした議論の大先輩は、何より古代ギリシアの哲学者プラトンである。プラトンによれば、誰もが発言権をもつデモクラティア（民主政）と、横暴な一人支配のテュラノス（僭主政または暴君政）とは反対に見えるけれど、むしろよく似ている。民主政から生じた不満は、人々が僭主政に頼ろうとする前段階に位置していて、民主政が僭主政を呼び出すのである。

プラトンのこのような民主政批判は現代において再び多くの同調者を集めるようになっている。フランスでは、J-C・ミオネールという人物が全体主義は民主主義の反対ではなく、民主主義からナチの全体主義も生じたのだと論じて話題となった（ランシエール 二〇〇八）。これほど極端でなくても、日本の保守的な論客のなかにも、最近の政治における独裁傾向は、民主主義の行き過ぎによって生じていると論じるものが見受けられる（たとえば佐伯 二〇一三）。これから検討するように、私はこのような立場には与しないが、近年このような民主主義批判をまじめに考えなければならない政治的状況が生まれていることは否定できない。

†共和制vs.民主制

こうした批判は、民主主義以前にはもっと節度があったはずだとする保守的立場と一般には親近的である。しかし「革命の母国」であるフランスなどにおいては、興味深いことに、共和派左翼にもこの種の批判にある程度近いものが見出される。たとえばかつて革命家としてキューバ革命にも関与した著名な批評家レジス・ドゥブレは、「共和政（制）」と「民主政（制）」とを根本的に異なる考え方として対比し、「民主政」を批判して「共和政」を擁護するという議論を展開している（ドゥブレ 二〇〇六）。このような区別は、現代ではフランス以外にはあまり馴染みのないものである。

ドゥブレによれば「共和政」は市民としての権利とそして義務の重要性を強調し、そのために教育を重視する。それに対して「民主政」は、人々が自分の好みでライフスタイルを決めればよいとし、多様な欲望に寛容である。たとえて言えば、「共和政」の場が国民議会や市民の徳を教える公立学校であるのに対して、「民主政」の場は証券取引所やドラッグストアである、とドゥブレは言う。

多文化主義もまた、ドゥブレによれば「民主政」によってもたらされたものであり、「共和政」とは対立する。「共和政」は公教育が宗教によって支配されることを防ぎ、教育の「ライシテ（世俗性）」を維持しようとするのに対して、「民主政」は人々がそれぞれ好みの宗教を公教育の場に持ち込むことに寛容である（ムスリムの少女が、公立学校に宗教上の理由からスカーフを着用して登校したのを、ドゥブレは反共和的であり禁止すべきだとして論争になった）。

この立場からは、少数者集団（マイノリティ）の文化を尊重しようとする立場は、グローバル資本主義を支持する立場と重なってみえるらしい。しかし資本主義のグローバルな進展がさまざまな文化集団の接触を引き起こしていることはあるとしても、両者は同じではないと言うべきである。

ここにはフランス国家の正当性原理である「共和政」の原点に帰って、アメリカ起源とされる「民主政」を退けようとするナショナリズム的な契機が明らかに存在している。またドゥブレの個人的経緯とも関連することなのだが、一九六八年の「五月革命」の評価をめぐるフランスでの論争とも連動している。この「革命」は若者の文化変容（平和や愛の希求）が政府と現代社会に対する熱い批判につながったものだが、このような立場からすると、その左翼性は見かけだけのものであって、結局各個人が好き勝手なことをすればよいとする消費資本主義への転回にすぎず、「共和政」の伝統を滅ぼしたということになる。

†道徳的退廃を民主主義がもたらす⁉

このような「共和政」と「民主政」の区別にもとづく議論は、フランスの共和政的伝統にもとづくいささか特異な議論なのだが、ここで「民主政」を標的としているような批判は、「共和政」的伝統がなくても、ありふれたものである。

たとえば日本の文脈では、現代の消費社会や欲望の膨張、私生活主義や公共性の没落などの問題が、ひとえに「戦後民主主義」における平等や権利の肯定から発しているとするような批判がある。このような論調にあっては、民主主義はたいてい欲望の支配や自分勝手と同一視される。さらには「クレイマー」とか「モンスター」とか呼ばれるような近年の驕《おご》り高ぶった消費者の行動が非難されるような場合、こういう病理現象が不当にも特定の社会的カテゴリー（たとえば「下流」など）に帰せられ、民主主義が社会的不適合者を擁護することで、このような傾向を助長しているなどとして関係づけられたりもする。

このような批判は、人権や民主主義の思想をアンフェアに扱っているだけでなく、そのほかに問題が多々あることは明らかである。人は市民としての公共的なあり方を放棄し、もっぱら私的利益のために傍若無人に振る舞っていると言われる（実際はそうでもないケースも多いのだが）背景には、資本主義の構造変化によって生活に余裕の乏しい層が大量に生み出されているという現実が存在する。公共的なあり方が衰退したとしても、それが個人の責任とは言いがたい場合もある。道徳的退廃は社会的に弱い立場の者だけでなく、たとえば企業の反社会的行為に見られるように、この新自由主義の時代の富の所有者からも生じている問題である。民主主義が過剰だという論者たちは、安易に道徳論に依存し、人が否応なく動かされている社会的現実から眼をそらす傾向がある。

†トクヴィルの省察

より根本的な問題は、民主主義の概念の相違に関係する。「民主主義の終焉」論者が民主主義を現実（とくに資本主義）に対抗する規範と見るのに対して、「民主主義の過剰」論者は民主主義を規範であるよりも社会的な事実として見ようとすることである。このような転換をもたらした思想家をさかのぼってみると、一九世紀のフランスの思想家、アレクシ・トクヴィルを見出すことができる。

トクヴィルに有名な『アメリカにおけるデモクラシー』において、アメリカで機能している民主主義を、アメリカ人たちはどのように意識し運用しているかを明らかにしようとした。トクヴィルは伝統的な民主主義論の枠を超え、政治制度の次元だけでなく社会生活全般において、平等を志向する生活態度や思考様式の特徴としての民主主義を見出した。

このトクヴィルの新しい試みにおいては、民主主義という概念は、政府と社会の両方を貫く原理として、拡張した意味を与えられることになった。これは政治思想や民主主義の歴史にとってたしかに画期的なことだった。

トクヴィル自身は民主主義についての価値判断をしなかったわけではない。貴族階級出身の彼は民主主義的平等に少なからぬ違和感を持っていたが、その意義を認める度量も有していた。彼にとって民主主義は貴族社会の伝統を欠くアメリカの特殊性にとどまるものではなく、ヨーロッパも含め世界全体が向かって進んでいく未来を指し示す「摂理」でもあった。

しかしトクヴィルはどちらかと言えばこの不可抗な趨勢（「摂理」）に直面して、渋々民主主義を受容したのであり、それはアメリカの民主主義についての皮肉な観察にも表れている。トクヴィルによれば、民主主義社会は貴族のような隔絶した上位者を持たない平等社会であるため、一方的な支配者がいないかわりに、人々は世論の拘束から逃れがたくなり、「多数者の専制」が生じやすい。また人は互いに似通った欲望を持って模倣しあい、他人への嫉妬や羨望が渦巻く社会でもある。このような社会では条件が平等なため、かえって誰もが小さな不平等に敏感になるからである（宇野 二〇〇七）。

このような省察が民主主義の一面を解明していることは明らかである。民主主義は、その一見した自由や積極性にもかかわらず、自分と似た人々で構成される社会を憎悪する、自己憎悪的な感情を触発する精神構造を持っているのかもしれない。このように現代の関心を引きつける面を持っているトクヴィルの観察は、当人の意図とはやや異なったかたちで、民主主義批判の論者たちによっても利用されてきた。こうなるのは、民主主義を何か現実を変革する理念として見るというよりも、すでに現実に存在している思考や行動の様式として見るという、トクヴィルにおける民主主義観の転換と関係している。

民主主義概念には、規範や理念という面と、現実や事実の記述という面の両方があるのだが、現実を変えていくという民主主義の自己批判的な面を見失っては、民主主義について正当な価値評価はできないと思われる。この点で、トクヴィル自身というよりも民主主義批判の文脈でトクヴィルを利用する議論には問題が含まれている。

†猛威をふるう消費資本主義

以上、現代社会では民主主義が死に絶えつつある、という見解と、逆に成功した民主主義がその高慢によって社会を滅ぼしつつある、という見解とを対比的に紹介した。両者では民主主義ということばに与えられた意味が根本的に異なるので、両者は見かけほどに矛盾しているわけではない。むしろ両者に共通しているのは、消費者志向の資本主義が猛威をふるっているという認識である。民主主義を現状を変える規範や理念ととらえる前者では、民主主義が消費資本主義に圧迫されて滅びかけているということになるのに対して、民主主義を事実上の傾向としてとらえる後者では、私的利益を志向する消費資本主義こそが民主主義そのものということになるという相違である（後者では、民主主義とは悪口として言われる「ポピュリズム」とほとんど同義となる）。

平等との関連ではやや重要な対立点が存在する。前者の社会民主主義的立場では、二〇世紀にせっかく達成された平等が、新自由主義的政策によって損なわれ、民主主義を危機に至らせているとするのに対して、後者は平等（正確には事実としての平等よりも平等意識）の過剰を病理だとする点で対立する。何についての平等（所得、教育、家柄等々）かという問題もあるのだが、経済的平等についていえば、後者のような平等の過剰を問題とする立場に対しては、最近の格差社会の進行によって、その根拠が成り立たなくなっているという批判もありうる。

†プラトンの警告

民主主義には危険な面があり、歴史的に民主主義がさまざまな誤りを犯してきたこともまた事実である。プラトンが指摘するような民主政と僭主政との近さは歴史的にも誤っているとは言いがたく、アテナイやローマ、ルネサンス時代のイタリア諸都市のように、民主政や民衆の政治参加を可能にする政体を発達させたところでは、ほぼ例外なく僭主政や独裁政治を経験していることが、歴史家によってさまざまに立証されている。

プラトンの警告は、民主主義に潜む危険から眼を遠ざけるべきではないという点で貴重である。最近の日本の政治が、こうした民主主義にしばしば付き物の愚かさを抱えていたことも、私はそのとおりだと思う。しかし、このような議論にもとづく民主主義批判においては、民主主義は現状を変えようとする自己批判的な概念でもあることが忘れられている。独裁を批判するのも、やはり民主主義だということ、そして民主主義をたんに民意の支配だとする素朴な理解を超えて、ここ数十年の民主主義思想は、少数者の権利、熟議、不同意の可能性などの点について、さまざまな成果を積み重ねてきたことを忘却すべきではない。これらの事柄については、本書後半で詳しく検討してみたい。

†根本的な価値を問う

一方、民主主義は滅亡の危機に瀕しているとする社会民主主義的立場は、過去の社会民主主義時代を理想化する傾向を免れていない場合がある。そのことによって党派的だという印象を与えることもある。党派的であること自体は悪くないのだが、異なる立場の人をも説得することができるためには、党派性を超えた論証も同時に必要となる。これが政治哲学の存在理由なのだが、社会民主主義側の議論ではこの点が十分でないことが多い。

ライシュもまた認めているように、かつてアメリカで一九六〇年代くらいまで存在した「民主的な資本制」は決して理想とは言えず、せいぜい「疑似的な黄金時代」にすぎないものであった。マジョリティの生活水準が上昇する一方で、アフリカ系住民などのマイノリティは貧しいままに取り残され、差別が公然と行なわれていた。民主主義は実際のところ大組織間の「利益集団民主主義」であり、ふつうの市民の政治参加や異議申し立てが歓迎されていたわけではなかった。

このような状況に対する不満と抗議運動が一挙に高まったのが六〇年代末からのニューレフトの運動だったが、運動が消沈したあとやってきたのは、急進的な民主主義でも「民主的な資本制」の疑似黄金時代への回帰でもなくて、それらを共に崩壊させる「スーパー資本主義」の支配だった。

政治哲学について見れば、六〇年代までの「民主的な資本制」の時代は、概して政治哲学不毛の時代だった。世の中が基本的にうまくいっていると考えられる限りは、問題が生じても技術的に解決できると考えられるのが常であり、社会問題への科学的アプローチは必要とされても、根本的な価値に関わるような哲学的問いかけは不要であり時代遅れとされることが多かったのである。
一九六〇―七〇年代にそれが大きく変化した。ジョン・ロールズの有名な『正義論』の出版などをきっかけとして、政治哲学の復権がアメリカで起こり、それが世界に波及していったのもこの六〇―七〇年代だった。その後政治哲学はかつてないほど隆盛して今日に至っているのだが、逆に現実の政治や民主主義はどうなったかといえば、この章で見てきたように、ますます困難と失望に苦しむようになっている。その関係を検討してみることにしたい（第2章）。

†金融資本主義と民主主義

さて、二〇〇八年の金融恐慌に至るまで、それを評価するか否かは別として、新自由主義政策に支えられた消費と金融中心の資本主義は成功しているように思われた。アメリカ企業の経営実績は上向き、ダウ平均株価は上昇を続けていた。それは製造業の空洞化や収入格差の増大を伴うものであったが、資本主義の性格が変化した以上、必然的なものと考えられた。資本主義は成功し強すぎるゆえに、たとえば「リベラル」や社会民主主義、また「コミュニタリアニズム」（第2章参照）の立場からは問題とされたのである。

二〇〇一年の同時多発テロはこのような資本主義文明の将来に暗い不安の影を投げかけ

た。しかしその後の対テロ戦争や対イラク戦争は、さまざまな問題を残しつつも、いわゆる「ネオコン」と呼ばれた保守主義者に指導されるアメリカが、「強いアメリカ」であり世界を統べる唯一の「帝国」であることを印象づけた。アメリカ的な「スーパー資本主義」以外の選択は、ますます不可能であるように見えたのである。

このような「強すぎる」ゆえに危惧されるような資本主義は、しかし二〇〇八年の金融恐慌によってその前提を大きく動揺させることになる。市場が何か自律した合理性をもつという新自由主義の信念は、急速に信じがたいものとなった。そして市場や社会を救済する力として、政治や民主主義に大きな期待がかかった。民主主義はいったい何ができるのだろうか。民主主義と市場、政治と経済の関係が根本的に問い直されるような事態となったのである。しかしその結果はむしろ失望が強まり、決して楽観できるものではなかった。この帰結を第3章で検討することにしたい。

第2章　政治の対立軸はどこにあるか

†リベラルと保守

ここまで、「新自由主義」「保守主義」「社会民主主義」といったことばをあまり説明なしに用いてきた。また近年の政治哲学上の立場として「リベラリズム」「リバタリアニズム」「コミュニタリアニズム」などがよく論じられているが、これらの立場は民主主義を論じるうえでどのような関係があるのだろうか。実は政治上の対立構図と政治哲学上の対立構図のあいだにはずれが存在し、同じことば（たとえば「リベラル」）でも異なった意味で用いられることがあるので、しばしば混乱が生じている。この章では簡単にこれらの概念について整理をしておきたい。

政治上の対立構図について言えば、アメリカ合衆国で用いられる意味での「リベラル」

と「保守」の対立が今では最もポピュラーなものだろう。ここで、「リベラル」とは市場経済を放置しておくのではなく、政府が景気刺激策や再配分、福祉などによって介入するタイプの、改良主義的な自由主義を意味する。これは戦間期に世界恐慌を救済する目的で行なわれたF・D・ローズヴェルトの「ニューディール」を先駆とし、第二次世界大戦期を経て、戦後の六〇年代のJ・F・ケネディらの時代に最盛期に達した政治勢力である。政府の積極的で理想主義的な主導性を特徴とするゆえに、反対者からは「大きな政府」と高率の税金が民間の活力を奪うとして非難されるようになってきた。

一方「保守」とは、ここでは市場中心主義的で政府の介入を最小限に抑えることを主張する立場を指している。このような立場はアメリカには旧くからあったもので、二〇世紀になるまでは主流の考え方だった。二〇世紀のニューディール型「リベラル」の成功で一時は衰退したが、一九七〇年代から再び有力となり、八〇年代のレーガン政権において「保守革命」を成就させる。

このように「リベラル」と「保守」とはともに自由主義の二つの立場（改良か自由放任か）を指すものであって、広義の自由主義以外に主要な政治的党派が存在しないアメリカ特有の対立構図である。民主党は「リベラル」、共和党が「保守」というイメージが今では定着しているが、それが明瞭になったのは六〇年代頃からであり、それまではっきりしなかった（現在ではマイノリティの利益に親近的なのは民主党とされるが、もともと共和党はリンカーンの党であり、奴隷解放を行なった側だった。一九五〇年代は共和党のアイゼンハワー政権も、基本的にはニューディールの「リベラル」な政府観を受け入れていた）。

これはたとえば戦後ヨーロッパの政治的枠組みとは大きく異なるものである。戦後ヨーロッパで政治的に保守といえば、キリスト教政党に担われることが多く、経済的には市場中心主義ではなく、パターナリズム（政府の保護）を政策とするのが一般的だった。ヨーロッパでは「社会民主主義（左派）」とこのような意味での「保守」が対立構図を形成してきた。社会民主主義は、代表制民主主義の枠組みのなかで社会主義をめざすものであり（この意味で共産主義と対立する）、労働者を中心に国民的な福祉を形成してきた点で、アメリカの「リベラル」とある程度似た政治的役割を果たしてきた（ただし、「社会民主主義」が主として労働者階級に基盤を置くのに対して、アメリカの「リベラル」はマイノリティ集団などに支持されてきた点で相違はある）。

それに対し、アメリカとヨーロッパの「保守」は性格が非常に異なっており、ヨーロッパから見ればアメリカの意味での「保守」は「自由主義」の一派以外ではなく、ヨーロッパではアメリカの影響を強く受けるようになった近年まで、主要な政治勢力ではありえなかった。日本は、政権交代が乏しかったことを別とすれば、対立構図としてはどちらかといえばヨーロッパに似ていた（大きな社会主義政党の存在）が、近年これは大きく変化し、アメリカ型に近づきつつある。

†アメリカの新保守主義

さて、アメリカでは一種の自由主義が保守主義を名乗っており、現在では主として共和党に担われている。この立場は、一般には「新自由主義」とも呼ばれるが、アメリカではむしろ「新保守主義」の名で呼ばれることが多い。この立場の自由主義的側面と保守主義的側面とは、実は必然的に結びついているというよりは、偶然的な結合という面を多分にもっているように思われる。

市場を重視する自由主義的な面が強く現れるのは主として経済政策面であるのに対して、保守的側面は文化的あるいはイデオロギー的な政策において顕著である。経済面では政治は少なくとも表向きは社会に介入しないのを信条としているが、逆に文化面では、現代の寛容で多文化的、享楽的な状況を嘆くとともに、キリスト教や勤労の倫理の復活を説き、家族やコミュニティを重視して、フェミニズムや性的少数者の台頭を非難するという立場にたっている。

これは文化的には寛容で多様性を容認しつつ、逆に経済面では市場を放置せずに弱者保護のために介入する「リベラル」の立場(思想信条の自由と経済上の自由の重要度に格差を付けるダブルスタンダード)とちょうど反対である。保守の立場は、多分に「リベラル」に敵対するなかで政治的に形成されたものであり、このような「新自由主義」と「新保守主義」の結合に矛盾があってもおかしくない。たとえば、市場はかつては勤労の倫理によって支えられてきたという面はたしかにあったかもしれないが、消費と金融の資本主義が優勢になった現在では逆に、勤労倫理のほか、家族やコミュニティといった資本主義以外の社会関係を資本や市場が冷酷に滅ぼしていく光景が、至るところで見られるからである。

†ロールズの正義論

政治上の対立構図から眼を転じて、アメリカを中心に世界的に影響を与えている「政治哲学」上の対立構図についても簡単に検討しておこう。二〇世紀になって、政治学の科学化(自然科学的方法の政治認識への応用)が長く支配的な潮流であり、政治哲学などは時代遅れの骨董品とみなされていたものが、反転して今日の隆盛をみるようになった契機は、何よりもロールズの正義論の登場であった(ロールズ『正義論 (A Theory of Justice)』一九七一)。以後の政治哲学は、このロールズをめぐるさまざまな立場からの批判的応答によって形成されてきたといっても過言ではない。

それではロールズが何を主張したかというと、まずそれまでの「リベラル」の常識となっていた素朴な意味で功利主義的な（たとえば政策の目的を社会の幸福の総量［GDPなど］の増大に求めるような）考え方を退け、自由で平等な諸個人を独立の人格として重視し、これらの人々が自分の個人的な境遇に目隠しをして（無知のヴェール）、あるべき合理的な政治秩序を選択すれば、どのような秩序が選ばれるかを論理的に示そうとした。このようにして選択される「良く秩序づけられた社会」の原理は、全体のためにあるいは特定の誰かのために人々が犠牲になることのない「公正としての正義（justice as fairness）」を満足させるものであり、また誰が偶然によって不幸な状況に陥るかわからないので、「最も恵まれない」境遇の人々にとっても有利であるような政策が選択されなければならないとする（格差原理）。

ロールズはこのように「格差原理」によって、「リベラル」的な再配分を肯定したのだが、「リベラル」の哲学的基礎づけに関して、功利主義に代えてカント的な人格の原理を置いたのである。

†正義論への批判

しかし、こうしたロールズの正義論に対しては、主として二つの（相互に相反する）立場からたちまち批判が殺到する。ひとつはロバート・ノージックに代表される「リバタリアニズム」の立場だ。ノージックは功利主義への批判や権利論に立つことにおいてはロールズを引き継ぎながら、個人の権利を尊重するならばロールズのような格差原理にもとづく再分配は権利侵害になる、と説く。ノージックによれば、暴力によらず取得され自由な契約にもとづく交換によって得られた所有権は、本人の同意なしでは（政府を含め）誰もこれを侵すことができない。こうした所有権の自由と両立する範囲の国家は「最小国家」と呼ばれ、それが正当化されるプロセスを、彼は一種の思考実験によって示そうとした。

他方、ロールズ（リベラル）とノージック（リバタリアン）の両方を批判して登場したのが「コミュニタリアン」と呼ばれる立場である。マイケル・サンデルらによって代表されるこの立場によれば、社会関係を捨象した孤立的な個人を前提として理論を組み上げようとするリベラルな正義論の試みが、根本的に間違っているのである。人間諸個人は社会のなかに生まれてくるのであって、先に個人が存在してその後に社会ができるというのではない。コミュニタリアンの多くは、現代社会の個人主義的でしばしば利己的なあり方を批判し、公共善にもとづく市民の連帯の必要を説く。ただ、論争は政策的立場をめぐるものにとどまらず、それが人間の存在論や認識論といった哲学的次元と絡み合って展開されたことに特徴があった。

コミュニタリアンは、社会を個人の選択の問題に解消する「リベラル（自由主義）」の立場を批判するが、この批判はむしろ「リバタリアン」に最もよく当てはまる。この政治哲学上の対立における「リベラル」は「保守（市場中心主義）」に対立しているのではなく、コミュニタリアニズムに対立するとされている。政治上の対立と政治哲学上の対立は、このようにずれているのである。

†リバタリアンとコミュニタリアン

興味深いことに、「リバタリアン」も「コミュニタリアン」も、アメリカの政治勢力上は、大きな勢力としては存在せず、「リベラル」か「保守（新自由主義）」かという二大政党の対立のなかでは表現されない立場だという点で共通している。すなわち、「リバタリアン」は、市場への政治介入を否定する点で「保守（同時に新自由主義でもある）」と意見を共にするが、「保守」のような道徳的な介入を嫌い、暴力によらない限りは人間のライフスタイルの多様性を（「リベラル」以上に）無制限に認めようとする点で「保守」とは折り合えない。

一方「コミュニタリアン」は、社会あっての個人であるため、人間の生き方が共同体に制約を受けるべきことを承認する点で、「リベラル」と対立し「保守」と一脈通じる面をもっている。しかしそうであるためには経済政策面で市場の万能は許されるべきではなく、共通の善によって市場の制約を主張する点で「保守」と対立する。

政治哲学上の「コミュニタリアン」と「リバタリアン」の対立が、政治における二大政党的な対立と一致しないことは、それ以外の立場の存在可能性を示した点では意義のあることだといえる。しかし、このような政治哲学上の論争が、政治の問題を論じるうえでかならずしも有益とはいえないのには、政治哲学の側にも問題がありそうに思える。

たとえば「コミュニタリアン」の主張する「共同体」の範囲や性格はあいまいである。それが主として地方のコミュニティを指すのか、国民国家を指すのか、あるいは人類共同体も含まれるのか、はっきりしない。もちろん「コミュニタリアン」論者にはそれぞれの好みはあるのだけれども、それが「コミュニタリアン」の論理から説得的に導かれているかどうか疑問である。個人か共同体か、という対立以外に、人々が属する諸共同体間に対立が存在するのがむしろ当然である。たとえば国民的な共同性を重視すればナショナリズムにもなるし、国家とは対立するローカルな集団やマイノリティのグループに共有されているものを尊重すれば、分権的な民主主義の立場にもなりうる。

一方「リバタリアン」は、かつて六〇―七〇年代にニューレフトと一緒に反戦運動や反帝国主義運動に参加して「リベラル」な政府の暴力性を糾弾していたマーレイ・ロスバード（無政府資本主義者）のようなユニークなケースもあるが、レーガンの時代以降、政府が共和党の新保守（新自由）主義を中心としたものに移り、それらが政治そのものへの不信を利用して勢力を伸ばしたこともあって、保守から区別された反権力の立場をとることが現実的にはむずかしいといえる。ただ、最近では政府のラディカルな縮小を訴える「ティーパーティ」運動（保守側）の、「リバタリアン」との関連が指摘されている。

「リバタリアン」に哲学上だけでなく、果たして政治的な可能性があるのだろうか。「リバタリアン」によれば私的所有や市場は、暴力を背後に担保される政府活動とは異なり、正義のルールにかなった関係であり、それによって人々の幸福が実現するはずである（功利主義的に正当化するタイプとそうでないタイプがあるが）。

このとき現実に存在する貧困や犯罪はどのように説明されるのだろうか。個人の怠惰などの「自己責任」や政府の不適切な介入だけで説明するのはおそらく十分でないし、そうすれば結局保守主義的な立場と変わらなくなってしまう。これで満足しないとすれば、現実に存在する資本主義の競争のルールが十分にフェアでないことを問題とすべきではないだろうか。最近になって登場した「左派リバタリアン」と称される論者たちは、こうした問題に応答しようとしている。

「リベラル」の多くが政府の再分配によって「結果の平等」を達成しようとするのに対し

て、「左派リバタリアン」はゲームの初期条件の徹底した公平や平等を求めようとする。そのためには親から与えられた教育の機会や親の遺産相続などといった、本人の努力以外の条件の平等化が必要となる。被征服民の子孫であるようなマイノリティにとっての、遠い祖先が奪われた土地の返還請求も、条件の平等化に含まれるかもしれない。このように競争の条件を根本的に平等にするとすれば、かなり大きな制度の改革が必要となる。それが政府の強力な権力に頼らずに成しうるかどうかもむずかしい問題だろう。スタートラインを揃えることは実際には困難であり、またそのような完全に公平な競争のイメージで社会を構想することが望ましいかどうかも見方の分かれるところである。

†正義論は現実の政治にどう関わるか

このようにさまざまなタイプの政治哲学が登場しているが、この議論の最後として、正義論が現実の政治に何か寄与できるかどうかについて、簡単に見ておきたい。ロールズは『正義論』で当初、理性を持った人間ならば誰もが一致できる社会の原理として、自らの正義原理を提示しようとした。リベラルな正義は「包括的教説」として受け入れられることを求めた。しかし、その後の多くの批判に応答するなかで、正義の安定性という面に考慮して「包括的教説」としてそれを要求するのを改め、かわりに「重なり合う合意」のような歴史的に形成されてきたルールに根拠づけの一部を移していった。

この「後期ロールズ」の立場を、最近のサンデルは正義論からの離反だとして批判している。サンデルは単一の正義論を求めるのではなく、「功利主義」「義務論（カント主義）」「公共的徳性（アリストテレス主義）」の三者の対立としてそれを考え、正義について論争し続けることに正義論の意味を見出している。正義について議論し続けることの意義は私も重要だと思う（第7章の「熟議」の箇所を参照）。しかし実際のところ、このような三つの哲学的立場がそのまま政治的議論に反映することは少ない。参考にはなるが、政治の選択において決め手とはなりにくい。

とはいえ、政治の議論に「正義」の規準を提出することは、政治についての知としての政治哲学にとって重要な役割であると私は考える。近年の日本の政治改革や政権交代をめぐる議論において、正義論は何らかの役割を果たしただろうか。それにもとづいて熟議がなされただろうか。私ははなはだ疑問に思う。むしろ強いリーダーシップと政策決定や遂行の迅速性がもっぱら重んじられた。一方、かつての民主党の「国民の生活が第一」とか、最近の自民党の「一億総活躍社会」とかいうようなフレーズは、情動的であるとともにそれらの内容が無規定であり、正義論に代わりうるものでは到底ありえなかった。このような問題については、本書の後半で詳細に検討してみたい。

第3章 資本主義vs.民主主義？

†市場に正義はあるか

政治や経済を考えるうえで、短い意味で現在の直接の出発点になったといえるのは、二〇〇八年の金融恐慌だろう。サブプライムローンの破綻を原因とし、リーマンショックで現実化したこの危機は、市場を自由や自律性の領域と考えてきた新自由主義の想定があえなく崩壊する事件として衝撃を与えた。

それはとくに二つの点で、これまで新自由主義がたどってきた方向の問題性が深刻になったことを明らかにした。ひとつは富裕層と低所得者層への社会の二極化（不平等）であり、もうひとつは金融商品などを通してリスクがコントロールできないくらいに世界に広がるということ（グローバルなリスク社会化）である。

これを機に思想潮流がいったん反転し、新自由主義のもとでたいてい悪く言われてきた政府が、市場や社会の救済者として期待されることになった。これを受けてアメリカではオバマ民主党政権が成立し、日本では翌二〇〇九年にこの国では珍しい政権交代が生じて、「変化」が時代の気運となった。このことの政治思想的意味を、この章では考えてみたい。

先の章でみたように、二〇世紀末に先進諸国の資本主義の性格は大きく変わり、かつての大量生産と労働者への富の分配によって「みんなが豊かになれる」はずの資本主義(もっとも、第三世界や先進諸国内のマイノリティなどがそこから排除されていたが)は、過去のものとなった。労働よりも金融と消費に中心を置くこの資本主義においては、もはや人々が平等に富に与ることは期待されない。富裕者と低所得者、勝者と敗者とが明瞭に分断される社会が姿を現した。

このような社会は、果たして社会として成り立つのだろうか。社会は単に事実として複数の人間が共存しているだけでなく、それが「正当な」あり方だという信念を伴って成り立っているのが通常だからである。この点に関して新自由主義や「リバタリアン」など、市場に肯定的な立場の人たちの説明には、さまざまな緊張が含まれているように思われる。

市場が、その効率性において成功しているだけでなく、それが規範的に「正しい」とされるためには、何らかの正義のルールを満たさなければならない。実際、この社会での敗者は、単に運が悪かったというだけではなくて、自己責任を問われ、自分に問題があった(たとえば怠惰だった)ためにその境遇に納得せざるをえない、という圧力のもとにある。少なくとも市場の競争ルールが不正ではないと前提するから、不幸は個人の責任とされるわけである。しかし、本当にそれを納得させるだけの正当な規範力を、現在の市場が持っているかというと、これははなはだ疑わしい。

ごく直感的に言って、この競争社会は、強者がますます強くなり、弱者はますます立場が悪くなる「弱肉強食」の社会として表象されることが多い。弱者にとってそれはどうにもならない運命だということである。多くの人々は、不幸の原因について自分を責めたりしつつも、どうにも仕方がない運命の支配(フォルトゥナ=運命の女神)のもとにあることを感じている。この社会には公正や正義といった規範が欠如しているということが、ここでは暗に語られているわけである。

もっとも、新自由主義を肯定する議論のなかには、才能や努力によって成功する者が富を獲得することは、富裕者自身だけでなく人類全体にも貢献し、貧しい層にも希望を与えるとともに、結果としては万人の福利を向上させる、というような弁護論も存在する。格差の存在は努力の報酬として必要であり、かつ長期的にみれば全体を底上げするというわけである。しかし、実際には、弱者の多くが人生の最初から不利な条件(たとえば親が貧しくて十分な教育を受けられない）を被っており、現状では格差の拡大が結果として社会全体に貢献しているとは言いがたく、希望よりは諦めを与えることになっているのは否定しがたい。

†金融恐慌

さて、このように富裕層と貧困層、強者と弱者へと社会が二極化し、別々の社会へと政治社会が分解していくというイメージが強まっていくなかで、二〇〇八年の金融恐慌が発生した。この恐慌に至る直前には、株価が急伸するなどアメリカ経済はバブル景気に沸いており、富裕者の富は拡大していた。このタイプの資本主義は成功しているように思われていた。しかし、突然の恐慌はこのような二極化した社会の危険から発生したのである。

周知のように、アメリカの住宅ローンのなかでサブプライムローンと称されたものの破綻が、この恐慌の発端だった。サブプライムローンというのは、プライムローンの下位、すなわち十分な資力が期待できない人々に対しても住宅購入が可能であるとして宣伝されたローンだった。もともとこの種の住宅ローンに無理があったことは明らかである。

住宅産業は、国外移転が進んで空洞化が著しくなったアメリカの製造業にとって、国内に残る貴重なビジネスチャンスであるとされる。二極化で中産階層が縮小したことにより、住宅産業はそれよりも低い所得の階層、移民などマイノリティ層を多く含む階層に、ターゲットを求めるようになった。住宅のバブル的な担保価値の上昇を当てにしなければ返済のめどが立たないようなローンを、生活に余裕のない層に対して、あたかもアメリカン・ドリームが可能であるかのような幻想を与えて押し付けるということを、あえてした。

このことは資本主義が富裕者対象のビジネスだけでは回っていかないことを示している。見かけのうえでは成功したこのビジネスは、住宅バブルを引き起こすが、ついにローンの返済が不能になり大量の不良債権が発生することになった。

さらには、リスク回避のための方策が、かえってリスクを拡散させ、コントロールすることを不可能にするというリスクの逆説が大規模に生じた。サブプライム関連の債権は、単独ではリスクが大きいので、小さく切り刻まれて大量の金融商品のなかに埋め込まれた（そして、そのことによって信頼できるという格付けを、格付機関から与えられていた）。このようなグローバルな金融資本主義のなかに取り込まれたことが、危機をグローバル化させ、世界中で株価などの暴落が起こり、短い期間に膨大な富が世界から失われた。株価などのほとんどすべてが下がり続ける事態では、「金融工学」なる数学的技法によるリスクヘッジも無力だった。市場を規律していたはずの格付機関もまた信頼を大きく損なうことになった。

損害を被ったのは、富裕者や投資家だけではない。低所得者を主要な対象としたビジネスの破綻が企業や投資家を直撃し、その結果生じた企業の業績悪化により、一般の人々も失業（さらに年金の切下げや増税）などの危機にさらされる、といった循環が生じた。資本主義は相互依存のシステムであり、その崩壊は富裕者だけでなく、とりわけ低所得者に悲惨な結果をもたらす。市場が崩壊するとき、市場以外の「社会」（主として、人々が連帯して相互に支え合っているような領域）もまた破滅的な損害を被ることから逃れられない。

この恐慌により、世界資本主義が運命の支配にさらされていて、人間がそれをコントロールすることがきわめて困難なことが、これまで以上に明らかにされてしまった。金融市場をはじめとして、資本主義のシステムは人間が作ったシステムでありながら、それを制御する能力は人間に十分備わっていないようなのである。

†政府は市場を救済できるか

金融恐慌を経て、変化したもののひとつは政府の地位と役割であろう。市場の容態の急変と「緊急入院」に対して医者として振る舞うことができるのは、さしあたり政府と政府間組織（G7やG8）ぐらいしか考えられない。新自由主義の公式的な見解は、市場の合理性や効率性に対比して政府の無能を批判することだったが、皮肉なことに政府は市場の救済者として呼び戻されることになった。

　これを契機に二〇〇八年のアメリカの大統領選では、共和党から民主党へ政権が移動した。新自由主義は市場に信頼をおきすぎて失敗したとして非難され、替わりに「リベラル」の経済政策、それまで評判を失っていたケインズ主義が復活する兆しが現れた。二〇世紀後半に生じた「リベラル」から「新保守（新自由）主義」への移行が、ここで再び転倒される可能性が生じたのである。政府には「フォルトゥナ」の圧政から人々を解放し、社会正義を取り戻す英雄的使命が託された。アフリカ系の系譜を引く最初のアメリカ大統領となったオバマは、「変わる」ことへの期待を一身に集めてその職務についた（二〇〇九年の日本での政権交代にも、そのような気分があった）。

　その結果がどうであったのか、判断するのには早すぎるかもしれないが、民主党政府が期待通りの成果を挙げているとみるのは、少なくとも困難である。オバマ政権は当初、金融資本主義に対決し民主主義を擁護するポーズをとって、金融規制に乗り出そうとした。株価などの暴落が起こるのは、先に暴騰があるからであって、実際、金融恐慌が起こる少し前には株価をはじめ石油や貴金属、穀物などの価格は記録的に上昇していた。これらは実際の需要を反映しているというよりは、多くは投機的なマネーゲームの結果である。このように実体経済とはあまり関係なく、バブル化する危険をはらむ金融市場が何よりも問題だというのは、筋が通っているように思われた。

しかし、アメリカ政府は、こういう方針を貫くことができなかったように見える。金融規制に対して、市場は株価などの低落で反応したが、これは恐慌の悪夢が戻ってくる不安を与えるものだった。政府の正当性は今もなお、市場を維持することによって人々を破滅から救うことにあるのだとすれば、恐慌からまだ立ち直っていない弱体の市場がまたもや壊れかねないような規制を行なうことは困難である。

その後、アメリカのみならず、ヨーロッパの財政危機によって、市場は周期的に危機に見舞われるようになるが、それに対してアメリカをはじめとする各国政府が行なったことは、相次いで金融緩和をすることで、市場に資金が流れやすくすることだった。結局、市場の「ご機嫌をとる」ことしかできなかったのである。そして市場の方は、追加金融緩和を政府に「おねだり」することが常態となった。自律した市場という理念は幻想であることが見透かされ、市場はすっかり政府に依存し、追加緩和の期待で持っているといった状態となる。

†市場リスクを政府が増大させる

一方、政府もまた自律しているわけではなく、なんとか市場を破綻から護ることによって、有権者の支持を調達している状態である。さらに悪いことには、政府の財政状態が悪化し、その発行する国債の信用が低下することが、市場の不安定をいっそう亢進《こうしん》させる重大原因となってきた。この「ソブリンリスク」の浮上は、とりわけ単一通貨ユーロを導入したヨーロッパ諸国（EU）のなかの経済的に弱い諸国家（ギリシア、スペイン、さらにはイタリアまで）において問題となり、ユーロの下落が金融市場を再び揺るがしている。格付会社がそれらの国々の国債評価を格下げするごとに、金融市場は過敏に反応し、恐慌の悪夢がよぎる、ということが繰り返されてきた。

政府には市場の混乱を収拾することが期待されていたのに、逆に政府の存在が市場リスクを増大することになるという、まことに皮肉な結果がもたらされた。市場のフォルトゥナの支配を退治しに行った政府が、それ自体フォルトゥナとなってしまった。格付会社にも非難が集まったが、格付会社としては不良債権に高い評価をして信頼を失った金融恐慌時の経験から、早めに格下げをして自社のリスクを軽減しようというわけであろう。各々の主体がリスク管理をすることで、全体のリスクがかえって増大する、というような問題も含まれている。

このような事態がもたらした民主主義に対する影響は、非常に深刻なものだった。国債の格下げを告げられた諸政府は、国債の暴落によって国際的信用を喪失しないために、また他のEU諸国の援助を仰いでユーロ暴落を防ぐためにも、増税や福祉サービスのカットといった国民に不人気な政策を断行せざるをえない。民主主義はもはやそれを構成する国民が自己決定することはできず、いわば民主主義そのものが政府の借金の質に取られてしまい、借金を返済しないと民主主義が取り戻せないような状況になったのである。

民主主義がグローバル化した世界経済をコントロールする能力を失うといった事態は、二〇〇八年の金融恐慌直後の政治への期待とは裏腹に、それ以前にも増していっそう深刻になった。債務による国債暴落の危機を抱える国だけでなく、たいていの先進諸国の政府が財政難を抱え、その条件のもとでは選挙でいずれの政党が勝利しても、できることはたいして代わり映えのしないものになる。人々の政党政治への期待は低落し、政党システムの機能不全が、多くの民主主義において生じている。

†「独裁的リーダーシップ」の待望

近年の政党システムなど通常の代表民主制への不満の高まりは、世界各国で主として二つの方向へと展開しているように思われる。ひとつは独裁的かそれに近い強いリーダーシップを政治指導者に求める方向であり、そしてもうひとつは、代表者を介せずに、デモなどの直接行動に訴える方向である。

まず独裁的な傾向について。実例としては、イタリアで既存の政党システムが汚職事件多発で崩壊したあと、メディア支配を背景に登場したベルルスコーニ首相のケース（一九九四年から二〇一一年までのあいだに三期九年間にわたって在職）が挙げられる。フランスのサルコジ大統領（在職二〇〇七―一二）も、ベルルスコーニと親密で同様の傾向をもっていたとされる。

これらの指導者の統治スタイルは、旧来の政治システムへの人々の不満を栄養源とし、特定の「敵」を名指しして（たとえば外国人や公務員）攻撃することで支持を拡大する点に特徴がある。またメディアを巧妙に操り、自信に満ちたポーズをとる反面、状況に流動的に対応することが多く、世論受けを狙う「ポピュリズム的」な傾向が見られる。日本でも、よく知られているように、二〇〇九年の政権交代以後の政治の行き詰まりの結果として、地方政治において独裁的なリーダーシップを振るう政治家たちが出現して注目を集めている（田村 二〇一二など参照）。

こうしたポピュリズム指導者たちは、機会主義的であることを特徴とするゆえに一貫してというわけではないが、多くはグローバル資本主義の積極的な導入を歓迎するなど、「新自由主義」に親和的な傾向を有していることが多い。「新自由主義」の公式理念が、市場を拡大して政府を縮小させることにあるとすれば、このような独裁傾向のあるリーダーシップが登場するのは一見矛盾しているように思われる。しかしもともとサッチャーやレーガンの時代から「新自由主義」は強い（場合によっては独裁的な）リーダーシップによって特徴づけられており、市場の合理性と権力の恣意性とは表裏一体だったともいえる。世紀が変わる頃からこの両面のうち、表（市場の自由）よりも裏（強権力）が目立つような変化が生じた。それは二〇〇一年のテロに対するアメリカの報復戦争、強いアメリカの誇示、「ネオコン」と呼ばれる好戦的ブレーンに囲まれたブッシュ（息子）政権においてとくに顕著となった。

このような事態はしばしばカール・シュミットの主権理論をもとに説明され、また正当化されてもいる。シュミットによれば、主権者とは非常事態において決断を下す者とされるが、常時と非常時とを区別する権限も主権者に与えられているために、結局その区別は失われ、通常の法の支配は例外としての独裁に常に侵食されることになる。こうして法の支配はいつでも停止できるものとなって宙吊りにされ、そして非常時が日常となる事態ができあがってしまう（対テロ戦争下のアメリカのように）。

オバマ政権の成立によって「ネオコン」は支配の座を追われたが、非常事態がほとんど日常とされるような感覚は、その後もずっと継続しているともいえる。戦争、テロ、感染症、大規模自然災害（地震、水害など）、資源の枯渇、経済恐慌そして原発事故など、このような危機にずっと囲まれて暮らしているわれわれは、こうした権力の変容を受け入れやすくなっている。

独裁的なリーダーシップは、人々のこのような危機意識を巧みに利用して支持を集める。問題はまず、指導者が提示する危機が、どこまで本当のものか、そうでなくて煽られ作られたものであるかを判断するのが困難なことである。そして危機のなかに真実性が含まれているとしても、それを解決するには独裁的なリーダーシップしかないのかどうか、慎重に考える時間をわれわれはたいてい持っていない。そして多くの場合、独裁政権は一見強そうに見えながら、独裁者の個人的理由（スキャンダル、病気、意欲の喪失など）によって容易に瓦解し、個人に依存した政権であるゆえに、その後誰も責任を引き受けない、といったことが生じる。政治を個人人格に依存させることは危険である。

†大衆運動の復活

もうひとつは大衆運動の登場である。先進諸国においては、六〇―七〇年代の急進的な左翼運動（ニューレフト）の退潮のあと、左翼は低迷し、大衆運動は政治を揺るがすファクターではなくなったと考えられてきた（代わって宗教上の「原理主義」的な運動が注目を集めていた）。ところが近年、大衆運動の顕著な復活が世界的に見られるようになった。

世界の政治経済体制に抗議する運動は、新自由主義が全盛と思われていた九〇年代頃から存在してはいた。WTO総会を包囲して卵を投げつけるなどの抗議行動を行なった「反グローバリズム」の諸運動は、この時期の対立構図を特徴づけるものである。これらの運動はグローバル経済を糾弾しながら、運動自体対抗的にグローバル化していったので、対抗的で反資本主義的なグローバリゼーションの運動としてとらえられることもある。いずれにせよ、民主主義を掲げる社会運動が、一国の政治制度を超え出るという点で注目されるものである。ただしそうした運動は、グローバル経済の敗者たちによる、どちらかといえば孤立したものと捉えられることが多かった。

金融恐慌後、ギリシアなど財政支出の赤字ゆえに「ソブリンリスク」を指摘されて国債の格下げなどを受けた国で、公務員の賃金切下げや増税に抗議する激しいデモが繰り返された。この運動は、それ自体が金融不安の要因となり、金融恐慌後脆弱化していた金融市場をさらに揺さぶるなど、世界に大きな影響を与えた。しかし、同時にこの運動は、ギリシアに対するEU主要国による救済を妨げるということにもなり、自分で自分の首を絞めるようにも思われたのである。

†「ウォール街を占拠せよ」のリアリティ

金融資本主義に抗議する運動が、孤立したものではなく世界的な連帯の広がりを見せ始めるのは、ニューヨークで始まった「ウォール街を占拠せよ（Occupy Wall Street）」という名の大衆運動によってである。「われわれは99％だ」と主張し、金融資本主義によって利益を得ているとされるわずか一パーセントを敵としたこの運動は、たちまちのうちに世界各国に飛び火していく。

この運動の顕著な特徴と私が感じたことを二点指摘してみたい。まずウォールストリート（世界金融の中心街）を「占拠」するという表現の象徴的な意味についてである。言うまでもなく、いまや金融資本主義とは、世界中がネットでつながれ、株価や為替の動きなどが絶え間ないデジタルな点滅で表現されるものにほかならない。場所を「占める」という意味での空間概念は、金融システムにとってもっとも縁遠いことのように思われる。もはや空間的に占拠できないものを「占拠」するというのはアナクロニズム的な響きがある。しかし、おそらくこのギャップを感じさせることが狙いのひとつなのだろう。「占拠」ということばには、一九六〇—七〇年代のバリケードや、もっと旧くパリ・コミューンやフランス革命の民衆運動を想起させるようなイメージの喚起力が存在するのかもしれない。

つぎに「われわれは99％だ」という主張についてであるが、これは共和党を支持するような富裕層にも訴えるという戦術的な面があると思われる。しかしこれが現実かというと、多分にレトリック的な面があることは、おそらく否定できない。中産層が縮小したといっても、アメリカでも日本でも大企業の幹部社員などは今でも高給を取っているわけで、そういう層がこの運動を切実に感じている低所得者層、さらにワーキングプアや失業者たちの層と、共通の利害をもっているとは考えにくい。

しかし、それなのになぜこの運動はそれなりのリアリティをもったのかを考える必要があるだろう。新自由主義的政策によって支えられてきた金融資本主義という名のゲームは、あるいはほとんど全員が負けるゲームなのではないか。われわれは自滅を運命づけられたプログラムのような、何か間違った道を歩んでいるのではないのか、という疑いである。

もちろん、このゲームで利益を得る者が、たとえば巨大なヘッジファンドのように、いないわけではない。この運動がわずか一パーセントの「敵」と名指しているのは、そういう連中のことだろう。しかし、どのようなまずいシステムでもシステムの不備に付け込んで寄生的に利益を得る主体が出るのは通常であり、巨大ファンドという敵によって仕組まれていると見るのは、陰謀説に傾くことになる。したがって、この運動のメッセージは、敵も味方もなく、誰をも幸福にしないこのシステムを破棄すべきだ、と受け止めるべきなのだろう。ただし、では代わりにどのようなシステムを作ればよいかが明確に提示されていないのではあるが。

†金融市場を統治できるか？

地球は回り、アジアで、ヨーロッパで、そしてアメリカで順番に朝が来る。取引所が開かれると株価などが下落し、下落の底が知れないために、恐怖はさらに恐怖を呼んで値は下げ止まらなくなる。こうしてパニックは世界を一周する。現物の世界は何も変わっていないように見えるのに、わずかな時間で世界中の膨大な富が失われることになる。ギリシアの民衆が財政緊縮に反対したことで失われる富とはいったい何なのだろうか。こうした光景が金融危機後、何度も繰り返された。地球の衛星軌道を回る宇宙船に、高度な知的能力を有する宇宙人が乗っていると仮定して、この宇宙人は地球人がいったい何に苦しんでいるのか、理解できるだろうか。

その後、世界の金融経済は相対的な安定を得られているように思われる。しかし、市場と政府のあいだの問題が根本的に解決されたというわけではない。アメリカをはじめとした先進諸国は追加緩和政策で自国の通貨安に誘導し、何とか金融市場を支えてきた。これは自国にとっての利己的な政策であって、公正さの上で問題の多いものである。また短期的には効果があるとしても、しだいにそれが薄れてくるという問題もある。実際、日本の輸出産業は、金融恐慌後極端な円高による国際競争力の低下に苦しめられてきた。円高は円の実力によるものとはいえず、金融市場参加者たちの過剰なリスク回避行動によって、金と並んで円が買われ続けるという異常事態から生じたものだった。

日本の金融政策は民主党政権時代を通して、基本的に無策に終始した感があったが、自民党政権の復帰後の安倍政権による、いわゆる「アベノミクス」は、遅ればせながら先進諸国で流行の金融緩和政策に追従しようとするものだった。その当時の円高が極端であり、ある程度円安傾向になることが望ましいのはそのとおりであろう。しかし、こうした通貨量増大策が長期的に功を奏する保証はなく、現に早くから金融緩和を行なってきたアメリカなどは、脱却の動きを見せ始めている。「アベノミクス」の金融政策が本当に成功しているのか、それとも好運に恵まれただけなのかは、よくわからないことが多い。円安の恩恵で株価はたしかに上昇したが、国民一人当たりの所得は実質的には減少したとも言われている。いずれにせよその効果は二〇一六年現在では薄れつつあるように見える。民主主義は市場をどのように統治することができるか、という問題は、現在もその解答を見出せないでいる。

以上で新自由主義が民主主義に投げかけている問題を中心に、最近の民主主義を概観してきた。第Ⅱ部では、対象を日本に絞るとともに、戦後から政権交代時に至る歴史的な検討を加えてみることにしたい。

Ⅱ 政権交代と日本の民主主義

2009年8月総選挙での民主党圧勝、自民党大敗を報じる各紙（photo © AFP=時事）

†二度の政権交代

二〇〇九年の総選挙における民主党の大勝利と政権交代によって始まった新しい政治は、その三年後の二〇一二年総選挙における自民党の大勝利と再度の政権交代によって終わりを告げた。このことが何を意味するのかを考えることから、日本における民主主義の問題に入っていきたい。

二〇〇九年の政権交代は、日本の民主主義の根本的な欠陥は、政権交代が達成されないことによる自民党長期政権に由来しているという考え方に主導されていた。この長期政権から、政と官および経済界の癒着、自民党内の派閥均衡への配慮が優先された国民不在の内向きの政治、強いリーダーシップの不在、等々のあらゆる問題が生じてきたとされたのである。

政権交代を容易にするために、一九九〇年代から選挙制度の改革が行なわれ、自民党の派閥均衡に奉仕してきたいわゆる中選挙区制が改められ、小選挙区制を中心に比例代表制を併用する制度となる。それによって旧来の政治家個人中心の選挙戦から政党間の政策論争中心の選挙へと移行することが目論まれた。

このような選挙制度改革が功を奏して、二〇〇九年の政権交代に至った。小選挙区中心であることから、政党間の得票差以上に獲得議席数の差が著しく開くことになるが、これは選挙時の民意を強く反映させるために意図されたことであった。

そうであれば、二〇〇九年に続いて二〇一二年にも大差の地滑り的勝利（landslide victory）による政権交代が生じたのは、一見して政治改革のねらいどおりだったようにも見える。しかし、このような判断はさまざまな理由から支持しがたい。

まず二〇〇九年と二〇一二年では政権交代が同じような意味を持ちえない非対称性が存在しているということである。つまり二〇〇九年の民主党の勝利ではこれまでの政治とは異なる新しい政治が始まることへの期待があったのに対して、二〇一二年では政権交代とはいっても、この時点ではこれまでの保守政治への復帰という受け止められ方が一般的だった。有権者の多くは自民党など野党に投票したが、投票率は記録的に低く、このあいだに政治そのものへの期待が大きく減少したことをうかがわせた。

自民党政治は三年前に有権者によって厳しく否定されたはずだったのが、なぜこのような短期間に復活することになったのか。こうした問いの答えとしては、民主党を中心とした中道ないし中道左派の政治が甚だしく信用のできないものであり、保守政治への回帰の方がましだと有権者が判断したと考えるほかはないであろう。

†オールタナティブの消滅

つぎに、このことによって民主主義論上の深刻な問題がさまざまに浮かび上がる。政治改革で想定されていた二大政党間の政権交代の構想から見れば、政権交代は単に起きればよいということではなく、交代して政権を担うべきふたつの政党が、選挙による勝ち負けはあってもそれぞれ持続的な基盤を維持し、負けた方も与党政治が行き詰まったさいには、その代わりとなって次の選挙で勝利できるだけの力を持ち続けることが想定されていたはずである。ところが二〇一二年の総選挙後、野党に回った民主党が、将来自民党政治が行き詰まったさいに代わりに政権を再び担当できる力を残しているかどうかは正直かなり疑わしくなった。その後も党勢の挽回には至らず、野党再編の動きのなかで、先の展望が見えていない。

もちろん二度にわたって地滑り的な政権交代が起こって勝者と敗者が入れ替わるような選挙制度なのだから、そういう意味では民主党にとってのチャンスが失われたわけではない。しかし、自民党に対するもう一方の大政党が、民主党のような中道政党である保証はなく、保守（自民党）とさらにそれより右の政党の争いへと変化していく可能性は十分にある。さらに自民党に対抗できる勢力が分裂を重ねた場合は、選挙のさいにデマゴーグ的なリーダーがアドホックに立候補者を集めるような、リーダーに白紙委任する独裁的な政治へと変貌していく危険もある。

こうした「地滑り的勝利」を引き起こしやすい選挙制度のもとで、安定した二大政党の存在が期待できないとしたら、有権者にとっての選択はひどく偏ったものになるか、あるいはリーダーへの白紙委任になってしまうおそれが生じる。政治改革は、民意の政治への反映と政党の政治責任を明確化し、リーダーシップを強化する目的で始められたのだが、皮肉なことに、政党制そのものの危機へとつながりかねないような結果を生じさせている。

こうなったのはやはり、二〇〇九年の政権交代後の政治の失敗に負うものが大きい。民主党が中心に担った中道ないし中道左派の政治は、二〇〇九年当時、自民党の保守政治に対するオールタナティブとして大いに歓迎された。しかしそれからわずか三年しか経っていないのに、今ではあたかもそんなものは存在しなかったかのようである。この幻のように雲散霧消してしまった中道ないし中道左派の政治とは、いったい何だったのか。そんなものが、本当に初めから存在したのだろうか。

民主党の失敗ということに限らず、このようなオールタナティブがなお存在しうるかどうかは、これからの議会政治にとって決定的に重要な点であるはずである。二〇一二年の再度の政権交代の後、あまり取り上げられることもなくなった民主党政権時代の政治について再検討する必要を感じるのはそのためである。本書の第Ⅱ部では、二〇〇九年の政権交代の問題点を、「政策」と「権力」の両面から検討することで、今日直面する民主主義の困難について考えることを目標にしたい。

†なぜ「政権交代」が期待されたのか

なおそれに先立って、いささか迂遠《うえん》に見えるかもしれないが、そもそも二〇〇九年の時点において、なぜ「政権交代」があれほどにまで期待されたか、という点をあらためて確認しておくことが必要だと思われる。自民党政権が長く続いた戦後日本にあっては、たしかに非自民党政権は稀ではあるが前例がなかったわけではない。占領時代の片山（社会党）内閣は別としても一九九〇年代には非自民、非共産の八会派が連合して細川護熙を首班とする政権ができた。二〇〇九年の政権交代は、選挙による有権者の意志によって直接に政権が移動する、という点で細川政権の場合にないものがあったが、それにしてもこの先例への言及は限られていた。先例の失敗から十分に学んだとはいえなかった。

これらの先例では非自民政権はいずれも短命に終わり、二〇〇九年の民主党中心の連立政権もまたこの轍を踏んだ。めったに政権交代をすることなく続いてきた自民党中心の政治（いわゆる「五五年体制」を中心とした）には、これまで多くの批判がなされ、それゆえ政権交代こそが日本の政治を変える切り札だと多くの人々に信じられてきた。しかしその政権交代の成果があまり見られず、短期間のうちに新政権が崩壊したことにより、いまでは政権交代の可能性に期待することが困難になっている。それだけ強固に続いてきた自民党中心の日本戦後政治の特徴は何だったのか。それはどのように変容して、今日につながってきたのか。政権交代の政治を検討する前段階として、簡単にたどってみることにしたい。

第4章　戦後日本政治のあゆみ――政権交代まで

†五五年体制

　ここでは、二〇〇九年の日本に生じた政権交代後の政治の失敗を探求する前提として、第二次世界大戦後からの日本の政治の特徴と、それがどのように論じられてきたのかについて、簡単な回顧をしてみたいと思う。これは、二〇〇九年時点で、政権交代に期待が集まった理由を考えるためでもある。またそのさいに、従来の日本政治は保守政党、官僚制、業界団体による寡頭支配が民主主義を抑圧してきたと考えられたが、このような認識はどのようにして形成されたのか。政権交代に至る過程はどのように準備されてきたのか、「自民党をぶっこわす」と宣言して高い人気を誇った自民党小泉政権と、その二〇〇九年の政権交代の関係はどういうものだったか、などについて検討する。

戦後長く続いた保守政党（自民党）中心の政治体制は、西欧の民主主義理論の常識からは逸脱した特徴を多く備えるとされてきた。それは政治学者たちによって、「五五年体制」と呼び習わされてきた政治システムである。この体制の出発点が敗戦直後の民主的改革の時点にあるのではなく、むしろ戦後の混乱から脱却して、高度経済成長の路線に日本が踏み込もうとしていた時期にあることに着目する必要がある。この年に保守系の二党が合同して自由民主党が生まれ、また左右に分かれていた社会党も合同した。そして自民党と社会党によって構成される変則的な二大政党制が、その後かなり長い間、日本政治の基本構図を構成することになる。

「五五年体制」の特徴は、一般的に以下のようにまとめられている。二大政党制のように見えながら、つねに有権者において自民党支持が多数であり、社会党など野党（「革新」と呼ばれた）の側に政権が移ることは例外的だった。議員比では両者はだいたい2：1の割合であり、そのことから「一と二分の一」政党制と呼ばれることになった。知識人やメディアの論調の世界では左翼色はこれよりずっと強かったのだが、資本主義体制に代わりうる社会主義の具体的なヴィジョンが存在したとは言えず、社会党に政権担当能力が十分備わっているとは信じられていなかったために、国政選挙では「革新」はたいてい劣勢だった。

「革新」とは何か。戦後の左翼のなかには共産主義革命を主張し、新憲法の「ブルジョワ的限界」を批判するものもあったが、その現実性が薄れていくにつれて、「革新」の主張の内容は憲法体制（人権そして平和と民主主義）を護ることに置かれるようになった。そういう意味では「革新」は憲法体制に対しては「保守」的な働きをしたといえよう。一方、「保守」である自民党側は、憲法に対しては冷戦における親米的な立場から、またナショナリズムの立場から不信を抱き、できればこれを改正しようとし、さらに経済に関してはむしろ積極的に経済成長を促して国土を改造することを目標とした。このような「保守」と「革新」の語義がなかば入れ替わっているような性格を「五五年体制」は持ち続けた。

自民党長期政権について、政権交代が不在であるからといって政権の性格が変化しなかったわけではない。自民党は統一的な政党（party）というよりは「派閥（faction）」の連合体という性格が濃厚であり、このような特徴も、冷戦体制のもとで社会主義者たちに対抗するために、ともかくも一緒になったという結党の経緯に由来している。自民党には右翼的ナショナリストから比較的「リベラル」な自由主義者、経済中心主義者などさまざまな潮流が存在し、これらを世論の動向に合わせて使い分けるという巧妙な統治の技法を用いた。統一性が欠けていることが、戦後の状況においては、状況への柔軟な対処が可能になるという意味で、有利に働いたのである。

具体的には派閥の長に順番に総裁（首相）への道が開かれ、派閥に配慮した人事が行なわれ、党内に権力闘争は多々存在しても、対立する派閥を根絶するようなことは避けられた。こうして、状況や世論の動向に応じて、首相を出す派閥が入れ替わる、といった「疑似政権交代」が行なわれるのが常となった。

†六〇年安保闘争

五五年体制は世界的にみれば米ソの冷戦構造に規定されていて、冷戦の国内版という性格をもっていた。外交や軍事の領域（ハイポリティクス）においては、自民党と社会党はイデオロギー的に激しく争い、一九六〇年の安保闘争でそのピークを迎えることになる。この闘争は、戦後最大の国民運動となって、日本の政治や社会の大きな分水嶺をなすものであった。これは、日米安全保障条約（安保）の改定に対する反対から生じたものであるが、当時の自民党岸信介内閣が強行採決を行なおうとしたため、外交問題にとどまらず、議会制民主主義の危機だという意識が民衆の間に高まり、「民主主義を守れ」をスローガンとして連日国会を取り巻く大規模なデモが行なわれた。

この運動は労働組合やそれと関係の深い革新政党（社会党、共産党）による動員が中心ではあったのだが、かならずしも政治に関心があると思えない、私生活の幸福を求めるようなタイプの人々も、戦前の軍国主義に戻るのを恐れて運動に参加した。運動の性格について言えば、マルクス主義的な「一枚岩的」なものとは異なるものになる可能性が生じてきた。学生たち（全学連）は、左翼政党の「指導」に従わず、国会突入などのより過激な抗議行動を行なった。また「声なき声の会」のように、組織を背景とせず、個人の資格でデモに参加するような新しい形態が生じた（これは後の「ベ平連」につながっていく）。

日本国憲法は、日本国民がその代表者、すなわち選挙で選ばれた国会議員を通じて行動することを定めている。それでは国会の議決が絶対的であって、それを院外から批判したり圧力をかけたりする直接行動は民主主義に反するのだろうか。また直接行動はどこまで許されるのだろうか。国会に突入するデモ隊と、それを抑圧しようとする警官隊の、どちらが許されない暴力なのだろうか。安保闘争の急進化は、民主主義の正当性に関わる根本的な問いをもたらすことになった（これは現在、安倍内閣のもとでの安保法制とそれに反対する国会前デモの経験を通して、再び問い返されている）。

†高度経済成長

この運動は盛り上がったが結局は安保改定を阻止できなかったという意味では敗北した。しかし多大な影響をその後の日本政治に与えることとなった。自民党政府はたしかに勝利したが、大きなコストを支払ったことで、このようなイデオロギー的対立の激化を回避する方向に舵を切った。岸内閣退陣後に登場した池田勇人の政権は、低姿勢を打ち出して野党との融和に努め、その政治方針は「所得倍増」のスローガンに表現されるように、経済成長に注がれ、ハイポリティクス（外交や防衛）からローポリティクス（経済や福祉）への重点移動が顕著であった。

この方向がその後も自民党を長く政権の座につけることになる。病気で引退した池田の後を受けた佐藤栄作の政権は、実に七年八カ月に及んだ。佐藤は「待ちの政治」と言われるように積極的にあまり事を起こさず、人事を得意とし、調整的なリーダーシップのもとに安定した保守支配を維持した。

このような「保守本流」の支配によって、「五五年体制」はその性格をいっそう明瞭にしていく。経済政策の領域にあっては、経済成長は企業経営者にとって望ましいだけではなく、労働組合にとっても分け前の増加を期待させるものであった。実際、マルクス主義者の予想に反して、労働者の賃金は上昇し続けた。世界的に先進国で生じていた「二〇世紀資本主義」の恩恵を、日本の資本主義は戦後復興の勢いと相俟《あいま》って、大いに享受することになった。

高度経済成長期には、家電製品の導入などにより劇的に生活様式が近代化され、大量生産によって、広い層で生活水準が向上し、平等化が進んだ。それまでは戦闘性を残していた労働者にも、時代の趨勢を受け入れる気分を作りだした。経済闘争はイデオロギー上の闘争とは異なり、妥協が可能であって、毎年の「春闘」における賃上げ要求として制度化され、儀礼化されていった。

高度経済成長時代には、社会生活が一変したのに、奇妙にも政治は保守支配のもとに安定していた。政治的安定はこのような利益政治によって支えられており、政府が経済成長に積極的に関与すべきであるとするコンセンサスが支配的であった（それが崩れるのは七〇年代末からの新自由主義の到来によってである）。

†学生運動の退潮と国土改造——バラマキ政治の確立

六〇年代末から七〇年代初めにかけて激しく展開された学生運動は、「豊かさのなかの不満」という、一見して不条理な問いを世の中に突き付けた。学生運動はもはや現実に存在する社会主義体制（とくにソ連）を見限っており、アメリカとソ連とは世界を分割支配する二大勢力でしかなかった（アメリカのヴェトナム戦争とソ連のチェコ侵攻の類似性）。こうして米ソ対立を中心とした冷戦の構図は、説得力を失っていった。しかし学生運動は短い高揚の後、暴力化するなどして支持を失い、退潮した。それがもたらしたものは、国政レベルでの政治的成果としては何もなかったが、そのかわり公式の政治とは異なる領域での政治文化の変貌（たとえばフェミニズム、自然との共生の運動、少数者の権利運動などの思想と、またそれらの思想を担う市民運動や住民運動のスタイルの変化など）をもたらした。

若者のラディカリズムが世の中の関心を集めていたこの時代は、同時に国土改造の時代であり、国土の至るところでビルや道路、ダムや空港や港湾などの大規模な土木工事が行なわれ、ブルドーザーが唸りをあげていた時代でもあった。七〇年代の政治を代表するのは、何といっても田中角栄である。佐藤内閣の長期政権のあと、官僚政治に飽きていた有権者に、田中は「庶民宰相」と呼ばれて当初絶大な人気を博した。田中は外交面で日中国交回復を実現したほか、高度経済成長との関係で重要なのは、「日本列島改造論」を引っ提げて登場したことである。

高度経済成長のなかで中央と地方、都市と農村の格差構造が拡大していた。田中を総理大臣にした力とは、六〇年代末の学生運動が高学歴の若者の反乱であったのとパラレルに、地方からの、あるいは学歴を持たない庶民からするひとつの反乱であったのかもしれない。しかしこの方向が官僚支配からの脱皮や地方主義の確立へと向かうのではなく、むしろ逆に官僚や中央からの支配を強化するように働いたのは皮肉だった。

自民党の金権的、土建屋政治的な面は、この田中内閣において決定的に性格づけられた。

土木工事を中心とする公共事業を、政府が地方の業者に受注させることによって、地方が景気づき、近代化し、雇用も生まれる。そうした政治家への恩義は選挙の票として返され、自民党の票田としての地方を安泰なものとする。土木事業を中心としてお金も人も票も回るといった日本的政治モデルが形成されていく。

そのなかで与党政治家と官僚との深い一体性が生まれ、政官財の癒着構造が戦後日本の政治の病理であると認識されるようになった。もっとも、高い人口密度を有し、また国民の勤労意欲も高かったこのアジアの国で、急速な経済発展が進んでいくさいに、つねに問題となったのは社会資本の整備の遅れであった。道路、鉄道、港湾、空港、ダム、発電施設、上下水道、こうしたモノ(コンクリート)の支えなしに経済成長や国民所得の増大は望みえなかったが、当時これらの整備は欧米に比べて著しく貧弱であった。

このような自民党の「開発主義的政治」の問題点は、村上泰亮が適切に指摘するように(村上 一九九二)、開発主義を終了させるルールを持たず、先進国型の社会になってもそれからいつまでも脱却することができなかったことである。次第に造られるべきモノの合目的性があまり問われることなく、むしろ造ること自体が目的となり、社会情勢の変化とともに用途が疑わしくなっても造られ続けるということが生じた。こうした事態への批判は、二〇〇九年の政権交代において、民主党の「コンクリートから人へ」というスローガンへとつながっていくが、単に自民党政治を逆転しただけでよいのかどうかは、社会資本の問題として後ほど検討することにしたい。

†多党化——日本社会の都市化の中で

七〇年代の政治上の変化として、そのほかに「多党化」と「革新自治体」がある。これらはいずれも戦後日本社会の都市化によって生じた政治的変化だった。高度経済成長期を通じて農村から都市への激しい人口流入が続いたが、このような社会変動に対応する政治のヴィジョンを、自民党も社会党もあまり持ってはいなかった。自民党の支配の基盤は農村にあったし、社会党もまた労働組合を基盤にはしていても、都市化によって生産の面だけでなく生活の面から生じてくる新たな問題への対処には鈍感だったからである。

それに対して宗教団体を母体として生まれた公明党と、闘争的路線を転換した共産党は、この時期に新たに都市に住むようになった人々を支持層として、議席を拡大した。このような方向は、高度経済成長期の弊害としての公害問題や都市の社会資本の不足などへの対処と関連するものであった。

また自民党からも都市型の政策を主張するグループが一九七六年に「新自由クラブ」を結成して分離し、注目された。保守側でも都市化した社会にふさわしい政治への対応を迫られるようになった。こうして都市化とそれによる利害の多様化を背景として、七〇年代には（二大政党制よりも）多党化を前提とした連立政権（自公民、社共その他）が模索される傾向があったことが注目に値しよう。

†革新自治体の時代

都市問題への対処はこの時期、地方自治が国政よりも先んじていた。美濃部亮吉（東京都知事、在職一九六七―七九）、長洲一二（神奈川県知事、一九七五―九五）、蜷川虎三（京都府知事、一九五〇―七八）、黒田了一（大阪府知事、一九七一―七九）など「革新首長」と呼ばれる人々が地方政治をリードした。

政策の面では、何よりも当時頻発していた公害問題に対処し、国に先んじて公害を規制する条例を制定したことが注目される。また経済成長の裏面としての都市の社会資本の不足、貧困や高齢者の問題に対しても、高齢者の医療の無料化など、革新自治体は積極的な福祉政策を導入したりした。

また民主主義の手続的な面に関しては、市民の政治参加を積極的に進めたことが特筆される。革新首長たちは、市民が政治に関心をもたず行政官僚制に任せている傾向を変えようとして、「開かれた行政」を目指して情報を公開し、市民の声を聞くとともに、首長と市民とが共同で政治を担っていくあり方を模索した〔松下　一九七五〕はこの時代の市民参加の理論を代表するものである）。これは単なる受益者意識を超える政治参加のあり方を示すものであり、今日に至る積極的な市民活動の始まりとして重要な意味をもつ。

日本の国政では議院内閣制が採用され、議会の多数党が内閣を構成するのに対して、自治体では首長が議会とは独立に直接の選挙で選ばれるという二元的代表制が採られ、「大統領制」に類似した制度になっている。革新首長が選出された自治体にあっても、議会は多く保守系議員によって占められ、首長と議会の対立がしばしば生じた。首長は議会に対抗するためにも、市民との結びつきを強めようとした。こうした試みは斬新なものだったが、主として自治体の財政難から次第に行き詰まることが多くなり、保守勢力の巻き返しもあって、議会に妥協し、その特徴を失っていった。

今ではしばしば忘れられがちな革新自治体であるが、この時代の意義と問題点とを、民主主義思想の観点から簡単にまとめておこう。

まず高度経済成長の後期に、都市化を背景として民主主義の高揚と変容があったにもかかわらず、基本的にこれを受け止めえなかった国政に代わって、地方政治が「政権交代」をしたということがある。これが可能になったのは、自治体の制度にもとづいて直接公選される首長が、議会や官僚制に対して強い改革的リーダーシップを発揮できたことによる。

このような改革派の公選首長と議会の対立という構図は、今日全くそのままに再現されているようにも見える。しかし、皮肉なことにその政策内容をみれば、当時と現在とでは逆転していることが明らかになる。かつては首長側が福祉の充実を主張して議会と対立したのに、今では首長が福祉と財政赤字の削減を強行するのに議会が抵抗している、というのが一般的な構図である。すぐあとに見るように、ここには八〇年代以降の新自由主義による断絶が存在する。

また革新自治体は社会資本の充実に努めたが、これは保守政治が産業基盤の育成に重きを置いていたのに対して、革新側は保育所、病院など教育や福祉に関わる社会資本整備に重点を置いた。この時代には人とモノの両方に関わる社会資本の充実が急がれたのであり、後の「コンクリートか人か」という二元論ではなかった。

†「革新」から「改革」へ

七〇年代から八〇年代へと推移するあいだに、大きな断絶が存在する。それは既存の保守支配に何を対置するか、という点において、「革新」から「改革」への主役交代が見られることに象徴される。「革新」と「改革」とは、どちらのことばも辞書的には、これまであるものを改め新しくするという意味であり、大差ないのだが、戦後政治の文脈では大きく異なっている。

臨調（臨時行政調査会）を拠点とした行政「改革」（「行革」）側は、「革新」自治体を、財政支出の無駄を理由にあげて攻撃し、衰退に追い込んでいった。先の章で触れた新自由主義が、日本でも八〇年代の中曽根政権で導入された。この路線は、アメリカのレーガン政権などと同調し、イデオロギーにおいて右に舵を切るとともに、経済政策においては市場中心の改革（公企業の民営化、規制撤廃など）を志向した。ただし、英米と異なり、当時経済パフォーマンスが良好だった日本では、新自由主義的改革の必要性はそれほど差し迫っていたわけではなく、経営が極度に悪化していた国鉄の分割民営化などに大きな改革は限定されていた。しかしそれでも、潮流の変化を印象づけた点では大きかったのである。そして改革の路線は「行政改革」に続き「政治改革」そして経済を含めた「構造改革」へと拡大して今日に至っている。

†構造改革

もっとも、「構造改革」ということばは、もともとは社会党のなかの一派に由来したものである。しかし結局のところ「革新」的思想をより現実的な「改革」に実らせる方向性は成果を生むことなく、「改革」は新自由主義勢力に担われることになる。このような転換が生じた背景には、以下のような変化があった。

まず高度経済成長が終焉し、税収の増加があまり見込めなくなったことである。自民党の「開発主義」的な統治は経済成長を前提としていたが、その前提が失われると公共事業の目的が不明確になる一方で財政赤字が問題化することとなった。自民党の統治の手法が時代と合わなくなってきたのである。

もうひとつは冷戦の終焉が近づいてきたことである。アメリカのレーガン政権の時代、ソ連がアフガニスタンに侵攻するなどして一時的に冷戦の危機感が高まった時期はあったが、もう勝負はついたようなものだった。代わって西側諸国および新興国のあいだで資本主義の競争が激化した。新自由（新保守）主義は、共産圏だけでなく、自国内の労働組合や福祉政策を攻撃したが、それらは資本主義間の競争がより激しくなることを見据えたものだった。

日本の資本主義は八〇年代には今とは違ってパフォーマンスが良く、「一人勝ち」の状況でさえあったが、そのことによりアメリカなどから、日本では官僚主導が公正な競争を妨げているとする「日本異質性論」などが主張された。自民党支配は共産主義にも似た一種の管理経済だというわけである。国民ひとり当たりの高水準のGDP値にもかかわらず、物価高により、日本では豊かさが実現していない、という批判が国内からもそれに呼応する形で現れてきていた。そうなるのは、自民党政府が長きにわたって手厚く保護してきた生産や流通における業界利益のために、コストがかかり、消費者が犠牲になっている、と。

もはや冷戦が決定的でなく、社会主義が脅威でないならば、財界など支配層にとってさえ、自民党が政権党であり続ける必然性はなくなってきた。新しい世界の現実に対応できる改革勢力が、「上から」の視点からも求められるようになってきたのである。

したがって、この新自由主義的な改革路線は、旧来の対立の一方に味方するというものではなく、対立構図そのものを覆そうとする点で新しかった。保守側の「権力」に革新側が「自由」を求めて対立する、という従来の構図が変形される。たとえば教育に関しては、文部省か日教組かではなく、日教組を批判する論調が同時に文部省の解体を主張するといったように変化してきた。「五五年体制」での旧来の対立勢力は、いわば共謀して国民の「自由」を奪っている、とされるようになる。こうして「自由」の意味合いも、政治的抵抗を意味するものから消費者的な自由（「より安く」や「選択の自由」）へと大きく旋回していったのである。

†一九九三年の「政権交代」と革新の終焉

こうした方向は、一九八九年に突然生じた東欧革命と、それに引き続く共産主義圏の解体によって、いくらかの紆余曲折を含みながらも加速していく。八九年の選挙において、自民党が打ち出した消費税導入に反対するという大義を掲げることで一時的には勢力を盛り返すことができた社会党であったが、それも長くは続かなかった。世界的には冷戦終結を機にヨーロッパ的な社会民主主義の再評価の気運もあり、日本でも社会党を遅ればせながら社会民主主義政党へと作り替えようとする動きがあった。同時に、日本新党、新生党（のちの新進党）、さきがけ、といった新政党結成がブームとなった。

こうした何か新しいものを求める政治的変化の帰結として、一九九三年に非自民、非共産の八会派が日本新党の細川護熙を総理指名することに成功した。一九九〇年代の「政権交代」である。この時点では多党派の連合による政権ではあったが、二〇〇九年の政権交代にとって、これは直接の先駆となるものであった。

この新党ブームと「政権交代」の背景には、日本社会と資本主義の構造変化があったと考えられる。「五五年体制」のもとで、利益集団（経営者団体、労組、農協など）はそれぞれ強固に組織され、自民党や社会党など左右の政党に結びついていた。このような「組織資本主義」的な構造が、グローバル化のなかでの正規労働から非正規労働（パート、派遣など）へのシフトによって、一九九〇年代にはかなり動揺し、職業を通じた有権者と政党との安定的な関係が崩れてきた。新党結成と「新しさ」の強調は改革の時代の到来を告げていたが、その「新しさ」の内容はしばしば空疎であり、政治が不安定化する予感もあった。

一方、冷戦が崩壊したことの影響で、日本の労働組合界では、総評（左派）と同盟（右派）とが統一して新たなナショナルセンターである「連合」ができた。細川新政権は「連合」をベースとして、自民党に対抗し政権交代を可能にするもうひとつの極を作ろうとする構想とも関連していた。しかし、そういうヨーロッパモデルの社会民主主義政党の構想を実行するには、党派間のイデオロギー的距離が大きすぎ、社会党が離脱することになって潰え去った。以後、労働組合の政治における役割は後退を余儀なくされていく。

夜中に会見を行なうなど奇抜な政治スタイルで注目を集めた細川政権だったが、選挙制度の改革を除けば大きな成果を挙げないうちに政党連合が破れて、短期間で崩壊した。それに替わったのは、何と自民党と社会党の連合であり、自民党が社会党の村山富市を首班に立てて与党に復帰した。五五年体制では考えられないこのような左右の連立政権は、比較的「リベラル」な性格をもっていた。しかし、社会党は自民党と協力するために、これまでの「革新」的な主張（安保や自衛隊の否認など）を降ろし、このことが結局は社会党の独自性を失わせて、その衰退に拍車をかけるとともに、「革新」の終焉をもたらした。

一九九〇年代の政権交代は短命に終わったが、このときに構想された政治改革のプランは、ほとんど二〇〇九年の政権交代の設計図になっていると言ってよいほどであり、重要な意味をもつ。第三次臨時行政改革推進審議会が一九九三年に出した最終答申では、「総合的な政策展開が可能な行政システムの構築」のために、内閣総理大臣の地位や機能を拡張し、従来の縦割行政を改めて総理大臣を中心とした総合調整機能が必要であることが説かれている。また政策内容についても、先進国キャッチアップ型の開発政治から脱却し、「生産者中心の社会から消費者中心の社会への転換」、また官主導から民の自律と規制緩和、自由貿易体制の発展の必要が表明されており、これらも後の政権交代での政策の内容に共通するものを多く持つ(日本政治学会 一九九六)。

そして一九九〇年代の政権交代でもその政界再編に力を発揮した新生党(当時)の小沢一郎が発表した『日本改造計画』でも、類似した展望が語られていた。そして、改正された選挙法(衆議院選挙のいわゆる中選挙区制の廃止、小選挙区制を中心として比例代表制を併用する)は、得票率の差が大きく議席数の差に反映するようにしたことで、後の政権交代を可能にする制度的基盤を作り上げた。

†「自民党をぶっこわす」——小泉政権の成立

この後自民党の支持の復調とともに、社会党やさきがけは野に下り、自民党を中心とした政権に戻る。橋本龍太郎政権などにおいて、政治改革が継承されたが、自民党の派閥均衡は維持された。そのような五五年体制への復帰ともみえる傾向が根本的に覆されたのは小泉純一郎政権においてであった。「自民党をぶっこわす」ことを公約して政権についたこの異形の自民党政権について、その特徴と後の政権交代への影響力について考えたい。

小泉政権は、日本ではじめての本格的な新自由（新保守）主義政権であるとともに、これまでの自民党の慣行を破り、派閥の力学を無視し、パターナリズムを放棄する点に顕著な特徴を有した。政策的には、新自由主義（ネオリベラル）系の経済学者、竹中平蔵らを登用し、特殊法人（道路公団や住宅金融公庫）の民営化など構造改革を推進した。また小泉は、経済的自由主義の立場を採る一方で文化的にはナショナリズムを支持し、靖国神社に公式参拝するなどして物議をかもした。外交上は、二〇〇一年の同時多発テロ後、いわゆる「ネオコン」勢力が強い影響力をもったアメリカのブッシュ共和党政権に同調し、対テロ戦争、対イラク戦争と続くアメリカの強硬な世界戦略に協力した。

†「小泉改革」をどう評価するか

この政権は経済上の「新自由主義」と政治的、文化的な「新保守主義」の結合という点で、アメリカ、イギリスを中心とした当時の世界の動向に沿うものであったが、日本政治の文脈で見れば、破壊的と言えるほどの顕著な改革志向を有していた。この政権についての評価は賛否両論あって、現在も評価が定まっていない。このような評価の分かれ方は「新自由主義」的政策そのものにも由来するが、小泉政権の場合、世界的な文脈のなかに日本的な特殊文脈が紛れ込むため、その評価はいっそう複雑になっているとも言える。「現代思想」系や社会民主主義系の論者は、「新自由主義」に対してと同様、小泉政権に対してきわめて批判的であることが多い。一九七〇―八〇年代には貧富の差が縮小し平等であった日本社会が、二〇〇〇年代になると国際比較でみてもジニ係数や相対的貧困率が高い部類に属するようになり、衝撃を与えた。すでに九〇年代から企業「リストラ」に伴う失業の増大によって、大都市の公園にはホームレスになった人々の段ボールハウスや青いテントが目立ってきていたが、この時期になると非正規雇用における低賃金によって、貧困は職に就いている人にまで一般化し、より目立たないかたちで大都市をさまよう「ネットカフェ難民」のように住居に不自由する人々が多数存在することが問題視されるようになってきた。

小泉政権の新自由主義政策がその原因であるかどうかには諸説存在するのだが、「勝ち組」「負け組」といったことばで表現される社会の分極化が進んだのがこの時期の特徴であり、それとともに社会的な不適応は「自己責任」であるとするような敗者に自罰を求める傾向が強まってきた。自殺率も顕著に高止まりし、改革と競争が希望のある社会をつくるとする新自由主義の主張と裏腹に、社会の閉塞感が強まっていった。

他方、政治学者の世界にあっては、もちろん異論も存在するが、小泉政権の評価は概して高い。政治学においては、政策内容よりもむしろ、政治の実行力の有無を評価基準とすることが多いことと関係している。

たしかに小泉政権は近年の日本の内閣としては例外的に、高い内閣支持率によって支えられ長期に及んだ政権であり、また政策の方向性が明確で、実行された改革も少なからずあった(その内容にはたとえば破綻しかけた銀行への公金の注入であったり、円高への介入であったり、「新自由主義」における市場主義の理念と対照的に思われるものも含まれているのだが)。

経済学からの評価では、財政規模によって「小さな政府」か「大きな政府」かいずれが望ましいかを基準にするのが普通である。政治学からの評価基準は経済学の基準(「小さな政府」か「大きな政府」か)とは異なり、「強い政府」かそうでないかが決め手とされることが多く、そういう点で小泉政権は成功した政治のモデルとされ、後の政権交代構想にも影響を与えることとなる。何を評価基準とするかは決定的に重要な問題なのであり、政治思想の見地からこの問題にどのようにアプローチできるかを後で検討することにしたい。

†郵政選挙

小泉政権の評価についてはメディアの動向も重要な意味をもっている。この政権が自民党でありながら、過去の自民党支配と手を切り、「自民党をぶっこわす」ことを約束したことにより、これまでの右と左の構図は激変した。右派メディアは小泉に冷淡であったのに対して、長く自民党政治に批判的だった中道左派と目されるメディアの方が小泉に好意的な姿勢を示した。世界的な潮流においては「新自由主義」は富裕者の味方、弱者の敵とされるのに対して、日本ではむしろ中道左派メディアがこの「右派的な」政権に支持を与えるという奇妙なことが生じたのである。この興味深い現象について、小泉が衆議院を解散して郵政民営化の是非を有権者に問うた二〇〇五年の選挙に即して少し検討してみたい。

小泉は郵政民営化を生涯の課題とし、公社化されたばかりの郵政公社をさらに民営化すると主張したが、これは自民党内部でも容易に支持を得られるものではなかった。特定郵便局や郵便貯金は地域の人々の生活と密着しており、民営化が地域生活の安定を奪い、ひいては自民党の支持基盤を掘り崩すのではないかという危惧が、とくに農村部出身の自民党議員のあいだに広まったからである。その結果、自民党のなかから造反議員が出て、いったん政府提案が参議院で否決されるという内閣の危機が到来する。

小泉は郵政民営化を「改革の本丸」と位置づけ、これが実現しなければ改革のすべてが失われると主張した。本当にそうであるのか、アメリカ中心の金融システムに奉仕するだけではないのか、という疑いは強く残り、小泉はそれに十分納得できるような説明をしたわけではなかった。当時、日本政治が抱える重要問題は他にも多数あり、郵政民営化について有権者の関心が大して高いとも言えず、この問題に焦点が絞られるのはむしろ不自然とも言えた。しかし、小泉は解散を強行し、政治学者やメディアの当初の予想を裏切って、記録的な大勝利を収めることとなるのである。

この選挙はさまざまな意味で異例と言えた。野党民主党は郵政民営化に反対してはいたが、小泉の主要な敵は野党ではなく、自民党内の反対勢力、小泉が名指しした「抵抗勢力」であった。それら反対の候補者には党の公認を与えなかっただけでなく、落選させるために「刺客」と呼ばれた対立候補を送りこんだ。この選挙で小泉は郵政民営化だけを争点に絞り込み、マーケティングの手法などを用いて、反対者たちに改革に抵抗する悪者というイメージを張り付けるのに成功した。選挙をイベントとして盛り上げたがっているメディアは、小泉のこのような手法を歓迎し、選挙はこれまでになくショー化した。「小泉劇場」と呼ばれた選挙戦の結果、小泉は「地滑り的勝利」を手にしたが、このような政治のあり方にはポピュリズムの傾向があることを危惧する人々も存在した。

†戦後政治体制の崩壊

小泉の大衆的人気によって自民党は大勝利したが、小泉が言うとおり、自民党はこれまでの支配基盤を大きく損なうことになり、戦後政治体制の崩壊は一挙に加速した。反面、改革の成果があったかどうかは、議論の分かれるところである。小泉改革によって利益を得ることが考えにくい若者の低所得者層にも小泉人気が浸透し、この政権の継続を援ける役割を果たしたが、「小泉劇場」の興奮が収まるにつれてむしろ政治への虚脱感が深まっていく。

小泉が郵政民営化を果たして総理の職を辞したあと、自民党政権はしばらく続くことになるが、自民党内では小泉に対する反発から改革の揺れ戻しも大きく、方向性の定まりにくい政権が続いた。安倍晋三、福田康夫、麻生太郎の三代の内閣は、いずれも内閣支持率が低迷し、参議院では野党民主党に敗北することでいわゆる「ねじれ状態」になって政権運営は行き詰まったこともあって、それぞれ一年程度の短命内閣に終わった。

福田政権の末期、二〇〇八年にアメリカの住宅ローンであるサブプライムローンの破綻がきっかけとなって、金融恐慌が発生し、世界を震撼させた。この恐慌対策が、誕生したばかりの麻生政権に求められた。麻生内閣は支持率の低い内閣でメディアの評判も悪かった。しかし、景気対策として行なわれた、定額給付金（国民に一人ずつ無差別に一定の金額を給付する）、家電製品などへのエコポイント、高速道路割引（ＥＴＣを装着した乗用車に限り土休日上限一〇〇〇円）などの政策は、個別給付を主とするものであり、これまでの自民党政権のやり方とは異質で、政権交代後の民主党の政策を先取りする面があることは注目に値する。

こうした景気刺激策が効果を発揮したかどうかはともかく、これによっても麻生政権は有権者の支持を回復することはできず、二〇〇九年の総選挙が近づくにつれて、政権交代の気運が高まった。民主党は二〇〇五年の総選挙では大敗北したが、その後の自民党政権の不人気や、自民党の新自由主義への傾斜によって切り捨てられそうになった地方への浸透によって、参議院選で勝利するなどして、次第に支持を伸ばしていた。福田内閣時代に小沢一郎は自民党との大連合を模索してうまくいかなかったが、結局はこのことが幸いして、国民の選挙による政権交代への道が開けてきたのである。

第5章　政権交代とその後の政治

†二〇〇九年総選挙のお祭り騒ぎ

二〇〇九年の総選挙は「政権交代」そのものが賭けられた選挙となった。政策については、従来以上にマニフェスト（政権公約）が重視される選挙となり、各党が実行可能な政策を競い合い、有権者の意志を問うことが理想だとされた。そして勝利した政党には、党内の駆け引きや官僚の介入などを排除した強力な「政治主導」によって、有権者との約束であるマニフェストを速やかに実行することが求められた。

このような新しい国政のスタイルは、先に触れたように少なくとも一九九〇年代の政権交代時にはその構想が練られていたものであったが、その理念を実行する最大のチャンスが到来するように思われた。民主党はこの構想を実現するうえで何よりも有利な位置にいた。前年の金融恐慌による経済衰退や社会の危機からの回復が遅れ、有権者がこれまでの自民党、官僚中心の政治・行政からの転換を強く希望していたこと、またアメリカでは少し先に共和党政権を倒して民主党のオバマ政権が成立し、理想主義が再評価される国際情勢となっており、さらに経済の面では新自由主義が批判されるとともに積極財政に立つケインズ主義(たとえばクルーグマン)が復権する展開になってきたことも転換を後押ししたと言うことができよう。

「国民の生活が第一」「コンクリートから人へ」など民主党が掲げたスローガンは、経済危機のなかで生活の不安や疲弊を感じていた有権者に広く浸透していくことになった。その結果、議席数の差が得票率の差以上に反映される小選挙区優位の選挙制度の効果もあって、民主党は二〇〇九年の総選挙で予想以上の圧勝を得る。そして選挙前の協定にもとづき、民主党、社民党、国民新党の連立による鳩山由紀夫内閣が成立した。

このときの世の中は、今では想像するのがむずかしいくらいに、浮足立った興奮とお祭り気分に満ち溢れていた。たいていのメディアや識者が新政権への期待を語り、なかには、これは日本で初の市民革命だ、と発言する人までいた。朝日新聞は連日、朝刊の一面に「政権交代第〇日目」という見出しを入れ、旧時代との断絶を表現していた。「進歩主義」は革新勢力の後退後久しく権威を失墜していたはずなのに、自民党および官僚支配の「旧弊」に対して新政権の「進歩」性がこぞって称賛された。このあたりの「革新」「進歩」をめぐる取り違えが民主党に対する評価を誤らせる一因になったと私は考えているが、そのことについては後で触れたいと思う。

†矛盾をはらんだ政権交代――どのような根拠で民主党は選ばれたのか

新政権への期待は、直前の自民党麻生政権の不人気によっていっそう高められ、改革の正当性が強まった。たしかに政治の改革はこれまでにも長い経緯があり、かつて小泉政権でも実行されたが、小泉政権は自民党内部での「疑似政権交代」にすぎなかったことを考えれば、今度こそいよいよ本物の政権交代と改革が始まるといった気運が高まっていった。しかし、どのような根拠で自民党支配が否定され、民主党新政権が迎えられたのかを考えると、そこには一筋縄ではいかない複雑な関係が交錯していた。この時期、世界を取り巻く情勢の変化と、日本政治内部の固有の文脈とが、しばしば矛盾した関係に立っていたのである。

まず世界的な情勢変化としては、前年（二〇〇八年）のアメリカのサブプライムローンの破綻に端を発する金融恐慌が決定的な文脈としてあった。アメリカではこうした恐慌の原因を作ったとされる共和党系の新自由主義に対する猛然とした反発が生じ、そのことがアメリカ大統領選でオバマ候補を勝利に導いた。このとき世界は「変えること（チェンジ）」ができるし、変えなければならない、という理想主義に大きく振れていた。

一方、日本の文脈では、このような世界の潮流と共通する傾向と、それとは逆の流れとが入り混じっていた。たしかに新自由主義は貧困や格差拡大の一因とされ批判されてはいたが、そこからの改革に必要な強い政治のあり方として政治学者やメディアが挙げるモデルは、つねに新自由主義的な小泉政権であった。自民党政治は否定されたが、自民党の内部には小泉に連なる新自由主義と、それに批判的な勢力とが対抗していたように、自民党のオールタナティブである民主党のなかにも、同様に新自由主義に親近的な立場も、それに反対の立場も共に存在していた。政権交代の内実は、その権力の構成と政策内容とのあいだに、また個々の政策のあいだにおいても、矛盾を含んでいた。

†小泉自民党と民主党の圧勝劇を比較する

このことを明らかにするために、二〇〇五年の総選挙と二〇〇九年のそれとを比較してみたい。前者の「郵政選挙」は小泉自民党が圧勝したのに対して、二〇〇九年は民主党が圧勝した。結果について見るならば両者は全く反対である。この二つの選挙では勝利した政党が入れ替わったのだから、二〇〇五年（の選挙結果）支持・二〇〇九年不支持というパターンと、二〇〇五年不支持・二〇〇九年支持というパターンが存在するのは当然である。しかし、それ以外のパターンもまた存在する。

(a) 二〇〇五年支持・二〇〇九年不支持

これは典型的には新自由主義の立場である。かつて小泉に登用された経済学者たちは、民主党のマニフェストを無責任で経済効果の乏しいバラマキであるとして非難した。

(b) 二〇〇五年不支持・二〇〇九年支持

この立場はまず左翼にみられる。左翼は小泉の新自由主義政策が低所得者層に不利であるとして反対していた。それに対して民主党新政権を新自由主義路線からの転換として、政権成立当初はこれを歓迎した。社民党が連立内閣に入っていたこともあるが、共産党も野党でありながらも当初は新政権にかなり期待をし、旧来の自民党政治の転換に協力的態度を示していた。新政権の政策のなかで、外交とくに沖縄普天間基地移設問題についての鳩山内閣の積極的姿勢(「最低でも県外」)が左翼を引き付けた。しかし、この問題についての政権の約束不履行がはっきりするなかで、左翼からの支持は失われていく(dへ移行)。

左翼のほか、経済理論ではケインズ主義の立場に親近的な人々が二〇〇五年に対する二〇〇九年の意義を評価した。このような財政出動による景気対策を重んじる方向は、連立内閣ではとくに亀井静香を代表とする国民新党に表現された。しかし文化的には国民新党は保守的で社民党とは対照的であり、このグループも均質だというわけではない。

二〇〇五年と二〇〇九年では勝利した政党が入れ替わったのだから、aとbはそれぞれ一貫した立場であり説明が容易である。しかし、興味深いことに、このいずれにも属さないグループがかなりの程度存在した。このことは二〇〇九年の政権交代の複雑さを表している。

（c）二〇〇五年支持・二〇〇九年支持

いずれも支持した勢力は二つの選挙でそれぞれ圧勝した側にあり、「勝ち馬に乗った」とも言える。そういう意味では世論の動向に敏感であり、悪く言えば無節操だとも言えるような人々である。

ただしこのグループにもそれなりの論理が存在しないわけではない。たとえば中道左派あるいは「進歩的」なメディアと目されてきた朝日新聞などは、二〇〇五年の選挙では、外交やナショナリズムに関して対立点が存在するにもかかわらず、基本的に小泉改革に好意的だった。新自由主義／新保守主義は世界的に右派と見られているから、これを中道左派的メディアが支持するのは異例である。こうなるのは、日本政治の文脈では市場主義か否かということよりも、旧来の自民党政治を打破するか否かが優位に立っていたからであろう。新自由主義の批判の対象となったのは、欧米のような社民勢力ではなく、自民党の保守政治だった。メディアや世論において、改革すること自体の正当性が、改革の内容よりも優先していたからだとも言える。

このような勢力にとって、二〇〇九年の選挙は、自民党を倒して改革を望む政党が政権を奪ったのだから、小泉政権以上に文句なく歓迎すべきものになった。「進歩的」メディアは興奮し、系列の雑誌は、「民主党政権になれば日本はこんなに良くなる」といったバラ色の記事や、民主党政治家たちのファンクラブを想わせる記事で溢れた。これらのメディアは、有権者の反官僚、反自民党感情を最大限に利用した。ここに中道左派のポピュリズム化の傾向が見て取れよう。

(d) 二〇〇五年不支持・二〇〇九年不支持

両方で敗北側についた、いわば貧乏くじを引いた勢力である。典型的には自民党のなかで郵政民営化に反対して「抵抗勢力」と呼ばれた人々がこれに当たる。これらの人々は、二〇〇五年の選挙では小泉に敗れ、そして二〇〇九年の選挙では再び民主党に敗れた。保守系のメディアや文化人にもこのグループに当てはまるものがある。保守的主張で知られるある著名な漫画家は、「小泉は左翼だ」として批判した。小泉のナショナリズムや対米従属を考えれば、左翼からはとうてい受け入れがたい主張ではあるが、小泉改革を経て右派の定義が揺さぶられ、アイデンティティの不安が増大していることがよくわかる。

全く異なる立場としては、普天間基地問題での妥協とそれによる社民党の連立離脱によって鳩山政権に幻滅した左翼もまた、「二〇〇九年不支持」のグループに移行することになる。二〇〇五年と二〇〇九年の選挙は、いずれにも不満を抱く、ひと括りにはできない少数反対勢力を生み出したことになる。

†争点の単純化

続いて、支持層のみならず、選挙や政治のスタイルについても、二〇〇五年と二〇〇九年の類似性が指摘されてきた。たとえば、二〇〇五年では「郵政民営化＝改革」に賛成か否か、二〇〇九年には「政権交代」に賛成か否か、というような争点の単純化である。そして反対者を敵と名指す道徳的な善悪二元論が幅を利かした。このところ選挙に限らずメディアはつねに何か敵を名指しして攻撃する衝動をもっているのを、政治が利用したとも言える。

二〇〇五年と二〇〇九年とでは敵とされる勢力がいくらか違ってはいた。経済危機のなかで迎えた二〇〇九年には貧困層への共感が二〇〇五年よりは深まっており、福祉や一部の左派的政策は敵視されにくかった。しかし、官僚、天下り、政治と業界の癒着に対する批判など、かなり重なる部分もあった。強いリーダーシップ（二〇〇五年の小泉、二〇〇九年の小沢）が称賛され、その指導者が、自らの人気のおかげで当選した経験の乏しい多数の議員たちを従える（「小泉チルドレン」「小沢ガールズ」）点もきわめてよく似ていた。

†新政権への期待はどのように失墜したか――「政策中心」「政治主導」の失敗

新内閣は発足時に世論調査で内閣支持率七〇パーセントを超え、衆議院の圧倒的多数を制して、順調な船出であるように思われた。鳩山首相が環境問題をめぐる国際会議で、日本が率先してCO_2を二五パーセント削減すると表明したことも、この政権がこれまでの日本政治とは異なる理念を有していることを世界に印象づけた。しかし、新政権に対する期待は長く続かず、失望に取って替わられていく。その経過を簡単にたどっておきたい。

まず民主党のマニフェストには、「子ども手当」「農業の戸別所得補償制度」「高速道路無料化」「ガソリン減税」など、それらを実現するには多大な財政支出を必要とするものが含まれていた。しかし、何をこれに充てるかは、選挙前にははっきり説明されず、とりあえずは増税もしないことが約束されていた。自民党時代には無駄が多く、特殊法人などには隠し財産(埋蔵金)が大量にあって、これらを吐き出させれば財源に困らない、などということが語られていたが、根拠があるわけではなかった。自民党と官僚政治に対する反感のおかげで、政権は当初、この甘い財政見通しをあまり問題にされずに済んだ。

有権者がなぜ民主党を支持したかと言えば、何より自民党政治に対する不満が高まり、これに終止符を打つ政権交代を期待していたということに尽きる。マニフェストに書かれた個々の政策については、当初から必ずしも高い支持があったとは言えない。目玉政策の位置にあった「子ども手当」なども、世論調査では賛成は半数に満たず、さらにもっと支持されていない政策も多かった。この選挙が、(人物などではなく)マニフェストを介した政策の選択であるというように政治学者たちが説明していたことを考えるならば、このことは皮肉な意味をもつ。

一方、政策を実現するための方策としての「政治主導」は、従来政策が実質的に官僚によって作られてきたとされるのを転換し、政策の立案と実施とを区別して、内閣による横断的な政策立案の重要性を説くものであった。ここでは、官僚による縦割り行政のほか、政治家が個別的に政策に圧力をかける「族議員」の活動や、業界が行政と利害関係をもって政策形成に介入するようなあり方を排除することが目指されていた。具体的には、民主党議員の政府入り（各省庁副大臣および政務官）、事務次官会議の廃止、国家戦略局（実際には国家戦略室にとどまった）の創設などが試みられた。

この「政治主導」方針は、メディアや識者たちによっても、日本政治の長年の病理とされた官僚支配を改めるものとして、大いに支持された。しかし「政治主導」が現実にどのような効果を挙げたかは疑わしく、逆にその無力や混乱が問題にされるようになる。

たとえば、前原誠司国交大臣は、マニフェストで承認されたとして、建設中の八ッ場ダムの建設中止を決め、メディアの多くはこれを「政治主導」の成果として称賛したが、地元は、話し合いなしにこれまでの努力が無にされるとして反発した（詳しくは後で検討する）。

「政治主導」が最も人々の注目を集めたのは、「事業仕分け」と呼ばれるもので、自民党時代の予算の無駄を洗い出す目的で、民主党の議員や民間から選ばれた「事業仕分け人」たちが官僚に詰問して、事業廃止をつぎつぎに宣告するといったものであった。これは法的拘束力を持たないが、国政を透明化する効果があるとして注目を浴び、具体的な政策においてはかならずしも支持されていたわけではない民主党も、これについてはやや下がりかけていた支持率を上げるのに貢献した。しかし、何を廃止するのかについて合理的な基準が示されたとは言えず、官僚を打倒するシーンを見せることで有権者に一時の快感を与えるだけの、政治をショー化する愚策ではないか、という批判も次第に強まってくることになる。

†鳩山内閣の試練――「普天間基地移設問題」と「政治とカネ」

民主党鳩山内閣の政策実行力が試される大きな試練となったのは、沖縄普天間基地移設問題だった。アメリカ軍基地が多数置かれている沖縄で、県民の生活が基地の犠牲となっていることについての問題が深刻化し、これに応じるかたちで、民主党政権はアメリカ軍基地の海外または県外への移設を沖縄県民に約束して支持を得ていた。これはこれまでの自民党政権の基地をめぐる対米政策を根本的に転換するものであり、大きな期待が寄せられたが、同時にアメリカとの交渉が困難なことは予想された。

実際は鳩山内閣は基地移設についての具体的な対案を持ちえていないことが明らかになり、結局自民党時代と代わり映えしない沖縄内の辺野古への移設を承認するしかなく、期待した沖縄の人々に失望や怒りを与えることになった。こうして民主党は地方主権を謳っていたにもかかわらず、沖縄をはじめとして地方の支持は離れてゆき、地方選挙で連敗を重ねるなど、むしろ地方から崩れていく。

第二にはいわゆる「政治とカネ」問題の浮上である。民主党は、汚職と金権の過去をもつ自民党に対して、カネに関してはクリーンな政党というイメージで支持を広げてきたという面がある。ところが、鳩山首相と小沢幹事長の二人のトップに相次いでカネをめぐるスキャンダルが発覚した。親族からの寄付を政治資金として扱わなかった鳩山の不手際は謝罪によって一応収束したが、小沢の不動産をめぐる献金問題は、この党に深刻な亀裂を与えた。検察により不起訴にされたこの事件は、検察審査会の起訴相当の判断によって覆され、民主党の最大実力者が刑事告訴されるという事態となった。

小沢の件に関しては、刑事事件として扱うべきか否かは、議論の分かれるところであったが、はっきりしていることは、このことが民主党内の小沢派と反小沢派のあいだに決定的な溝をつくってしまったことである。幹事長として党内権力を一身に集めた小沢には、その独裁的手法に野党だけでなく、与党内からも不満が高まっていた。この事件は、真相がよくわからないままに終わったが、党内対立をいっそうかきたてる結果となった。

†菅直人政権と衆参の「ねじれ」

沖縄基地問題と「政治とカネ」疑惑で行き詰まった鳩山と小沢は、政権交代から一年も経たないうちに辞職する。圧倒的な獲得議席数と内閣成立時の高い支持率からすれば、考えられないような早い退陣だった。そして代わって首相に選出された菅直人は、小沢一派を切り捨て、反小沢色を鮮明にすることで、一時的にではあるが世論の支持を得ることに成功する。

菅内閣は鳩山内閣とは明白に異なる路線を打ち出した。前内閣が「子ども手当」のような直接給付に重点を置いたのに対して、菅は当初何よりも雇用の増大が重要だとし、「最小不幸社会」をスローガンとした。また金融恐慌後も継続した金融不安、とりわけギリシアの財政破綻に刺激され、財政赤字の縮小を至上目的とした。不況による税収の激しい落ち込みに加えて、マニフェストにもとづく前内閣の財政拡大方針によって、財政赤字のいっそうの増大が問題とされていた。このために菅内閣は消費税一〇パーセントへの増税の必要を掲げ、それを夏の参議院選挙で有権者に問おうとした。

菅内閣への移行によって、民主党政権への評価も変化することになった。ひとつは消費税増税が二〇〇九年総選挙のマニフェスト（当面は増税しない）に反する内容だったことである。そして菅は内閣のリーダーシップの強化を説いたが、税制均衡の方針がもともとの財務省のそれと一致することから、実質的には官僚支配に従属しているとの批判も出るようになった。そして雇用増大のために目立った政策が採られることはなく、民主党政権の左派的性格は著しく後退することになる。

二〇一〇年夏の参議院選挙は、得票数では民主党が自民党にやや優っていたが、議席数では自民党が上回り、民主党は勝利できなかった。この結果により衆参両院のあいだで「ねじれ状態」が出現し、民主党連立政権の国会運営がそれまでよりも困難となっていく。ところで菅の民主党が敗れたのにはやや奇妙な面がある。その理由を菅が消費税増税を掲げたことに求める議論がある一方で、世論調査においては増税を必要ないしやむをえないとする意見が優勢だったからである。菅の政策内容よりも、その政治指導の危うさのようなものが、有権者に感知されていたのかもしれない。

参議院選挙の敗北によって、民主党内の主流派と小沢グループとの反目はいっそう顕著になっていく。二〇一〇年秋の党代表選で、菅は小沢を破り、権力からの締め出しを計る。反小沢の姿勢自体は世論からある程度の支持を得るが、民主党内部の分裂は決定的になり、小沢グループは、菅と執行部を、マニフェストと政権交代に対する裏切りであると厳しく批判した。そして菅内閣は、目立った政治的成果を挙げることなく、また内閣支持率も下がり続けるなかで、二〇一一年三月の大震災を迎える。

第6章　民主党政権の失敗——その政治思想的検討

†「政策」と「権力」の奇妙な関係

以上、二〇〇九年の政権交代とその後の政治の経過についてごく概略的に記述してきたが、ここからはその政治思想的意味を検討してみたいと思う。まず政治（とくに民主主義）を「政策」過程と「権力」過程の二面に分けて考える。「政策」と「権力」のあいだの接合の悪さが、政権交代後の政治の問題のひとつであったと考えられるからである。

戦後日本の著名な政治学者、丸山眞男が用いた図式（丸山　一九五二）によれば、政治を紛争解決過程として見ると、最も単純には、

C（conflict, 紛争）——S（solution, 解決）

と表現できる。しかし、多くの場合当事者だけで決着せず、紛争解決の専門家（主として

政治家）が強制力をもって介入することで次のようになる。

C——P（power, 権力）——S

この図式が意味するところは、政治の目的（終わり）は紛争解決にあり、権力はそのための手段だということである。しかし実際には、政治権力は紛争解決によって終わるのではなく、（たとえばアメリカ、ブッシュ政権のイラク戦争のように）新たな解決＝介入によって、その権力を拡張することが「目的」となる。

P——C——S——P'（P<P'）

新たに得られたこの図式では、目的と手段とが転倒している。紛争解決はもはや最終目的ではなく、権力の終わることのない拡張が自己目的であり、紛争解決はその手段にすぎないとされるわけである。

丸山の着想は、ひとつにはホッブズ（『リヴァイアサン』）の自然状態の叙述における終わることのない権力の拡張過程に由来する。そしてもうひとつは、マルクス（『資本論』）における、貨幣と商品のあいだの手段と目的の関係の転倒（商品を得るための手段であった貨幣が、逆に商品を手段として自己目的化する）に依っている。手段としての貨幣に当たるものは政治の世界では権力である。権力を有してさえいれば、好みの政策（紛争解決）をいくらでも実行できる。そのために政治家にとっては、権力の獲得とその終わることのない拡張とが、何よりの目的になるというわけである。

これは健全な常識からは奇妙で倒錯した見方に思えるだろう。政治家は自分の実現しようとする政策を持ち、その政策を実行するために手段として権力を必要とする、というのが本来の姿だと言える。しかし、われわれが日常的に眼にする政治は、権力の追求を目的としているようにも見える（選挙での党の勝利、党内の派閥争い、等々）。政治家の掲げる政策なるものは、結局のところ選挙で勝ち、権力を手にするための方便であるかもしれない。政治において、政策が目的で権力は政策の手段であるという面と、逆に政策が権力の手段で権力がその目的という面（権力のための権力）とは、切り離しがたく結びついている。

ところで、日本政治の業界用語として、権力関係が変動することを「政局」になると呼び習わしてきた。政局中心の政治は、もっぱら政治家たちの都合（いわゆる「永田町の論理」）に支配され、有権者からは不透明であるために、有権者不在の政治として批判されてきた。今回の政権交代に期待されたことのひとつは、「政局中心の政治」から「政策中心の政治」への転換であった（藪野 二〇〇九）。しかし現実には、民主党は他党との関係だけでなく、小沢問題などをめぐって党内でも激しい権力闘争に明け暮れることになった。

民主主義であっても、政策と権力とは表裏一体であって、権力の問題が解消されると考えるのは非現実的である。それゆえ、政権交代以後の政治について、「政局」というような業界用語の使用は避けて、「政策」と「権力」の二面の過程から成る政治について検討してみたい。

「政策」は政治権力が自分自身の外部である社会と関係をもつ側面である。政治権力は社会に対して何らかの作用を及ぼし、それが評価されれば支持として返ってきて、権力の基盤は強められる。逆に評価されなければ、権力基盤は脆弱になるだろう。権力は政策を通して社会と「再帰的」に関係するわけである。こうして当然ながら「政策」と「権力」とは接点をもつ。

二〇〇九年の政権交代では、政策は「マニフェスト(政権公約)」として提示することがルール化され、これをめぐって政治が展開した。以下ではこのマニフェストの内容に現れた「政策」をまず政治思想の観点から検討し、続いて期待されながら混乱の原因ともなった、マニフェストを中心とする政治のあり方(マニフェスト政治)の意義と問題点を、「政策」と「権力」の接点に位置する問題として扱う。そして第三に、「政治主導」というスローガンに示された権力の構成の仕方に関わる論点を、これも政治思想の視点から考えることにしたい。

1 政策について

†国民の生活が第一？

政権交代時の民主党政権の政策といえば、何よりまず「国民の生活が第一」というスローガンで表現されていたと言えるだろう。これは、長期にわたる日本の不況と、より直接には金融危機後の失業の増大など生活の危機を踏まえ、自民党のこれまでの政策の転換を求めたものである。このとき「生活」が政治の最重要問題として取り上げられたことの意味を考えてみたい。

政治にとって「生活」以外の価値が重要であるという考え方はもちろん存在する。たとえば戦前の日本のように、国威発揚が最大の価値であったり、また正義の名でなされる戦争だ平和に生活することよりも優位に置かれたりすることもある。あるいは理想主義的な立場から、自分たち国民の幸福よりも世界の貧しい人々を救うべきだというような異論もありうるだろう。

しかし、現在多くの有権者がこのような異論を支持するとは考えにくい。「生活」の重視は戦後日本の社会にとって、それだけ当たり前の価値として定着している。このこと自体は少なくともそれほど間違ってはいない、と私は思う（それだけでよいか、という問題はあるにしても）。問題はむしろ、これがほとんど反対のしようのない主張であることにより、その反面いかなる生活なのか、という生活の質的な内実についての検討から遠ざかってしまうことにあると考えられる。

今日、生活の中味を検討することなしに生活を重視するといえば、本書前半部でも触れたように、消費者主義が自明の前提になってくる。実際民主党の政策にはさまざまな「無料化」策や一方的な給付が含まれていた。これはスーパーマーケットの安売り販売戦術のようなものだ、という批判は当初からあった。当時金融恐慌後の不況下にあって、少しでも安くしろ、という消費者の要求が強まっており、供給者たちもそれに応じる経営策を講じるのに忙しかった。こうした民主党の政策が、消費者としての有権者の関心を引こうとするものであったことは確かである。

†デフレの深刻化――なぜ政治が「消費者主義」の発想ではまずいか

生活に余裕のない消費者にとって、安売りや給付がありがたいのは当然のことである。なぜ政治がスーパーマーケットのような発想ではまずいのか、というのは検討に値する問いである。そこには企業の論理と政府（政策）の論理の異同という問題が存在する。

ひとつは経済政策的効果の問題がある。一九八〇年代頃まで日本の物価が高いことが問題とされ、所得の割に生活の実際の豊かさが実現されていないと非難されていた。その原因は、たとえば生産や流通にかかるコストの大きさに求められ、それによって潤っているとされた独占的な既得権益（業界や労働組合）が非難の対象とされた。

しかしその後、小泉政権以来新自由主義的政策のもとで規制緩和が行なわれ、新規参入による競争の激化によって流通経費なども下がると同時に、労働面では非正規雇用の割合が増大してとくに若年層の賃金が実質的に引き下げられていった。物価は安くなったが、他方で賃金は下がり、それによる需要減によって商品が売れず、さらに物価を下げるしかないという、いわゆるデフレスパイラルが問題にされるような時代に入った。このようなときに、無料化や給付が需要を刺激して経済を拡大するのか、それともデフレを深刻化させるだけなのか、むずかしいところだと思われる。しかし、民主党からの経済効果についての説明は、十分に説得的になされたとはいえなかった。

†「コンクリートから人へ」という飛躍

もうひとつは、人とモノとの関係である。民主党政権の生活重視は、より具体的には

「コンクリートから人へ」というもうひとつのスローガンに示されていた。「コンクリート」とはもちろん、長く続いた自民党政権の公共事業重視（いわゆる箱モノを中心とした施設建設）を象徴するものであり、このような政治に対する目的の転換が図られた。

「モノから人へ」というのは、とくに新しい考え方というわけではなく、むしろこのところの時代の潮流に乗ったものだといえる。たとえば、モノを相手にする製造業から人と関わるサービス業への資本主義の重心の移行、消費化や情報化といったことばが示す傾向に沿ったものであり、これらの傾向は学問的にはしばしば「ポスト物質主義」と呼びならわされてきた（第Ⅲ部で詳述）。

では民主党のマニフェストの言う「人」とは何であるのか。たとえば「子ども手当」が「コンクリート」に代わる「人」だとすれば、「人」とは実際には「お金」を配ることを意味する。「お金」を個別給付することの利点はたしかに存在しないわけではない。欧米などでの現代政治の文脈において、これまでの福祉政策に代わるものとして、「ベーシックインカム（BI）」が注目を集めてきたのも理由があった。

旧来の福祉政策は、官僚制の権限を強化する一方で、市民を受給者として受け身化して、その自由を制約するという面があり、それが次第に支持を失ってきた理由のひとつだった。それに対してBIは、お金は全員に無条件に給付されるのが原則であり、そこに行政による審査は介入せず、また使途も使う側の自由にすべてゆだねられている、という利点があるとされる。BIは、受給者の自由を確保して市場社会と完全に両立しながら、同時に新自由主義によってもたらされることの多い貧困問題からの救済にもなると考えられてきた。

「子ども手当」は、BIに比べればずっと限定的であり、似たような制度はこれまでのヨーロッパの福祉政策に例があって、社会民主主義政策としては当然考えられるものである。しかし、実際には民主党の「子ども手当」の評判は、けっして高いものとは言えなかった。ひとつには、かならずしも手当を必要としない富裕層にも支給されることで財政負担が増加するということであった。所得制限を設ける案もあったが、制限を高くしても低くしても、それぞれに問題がありそうだった。ヨーロッパの福祉政策を支えた、所得の差を超えた「連帯」の条件を満たすことはもはや困難になってきている。

もうひとつは、やってみて初めてわかったようなところがあるが、子どもを持った家庭では、「お金」よりもむしろ保育所のような施設の充実を求める声が大きかったことである。両親が勤めに出ている場合、その勤務条件に適した保育所を、地域で見つけることはなかなか困難である。当然ながら、われわれの生活は単純に「お金」に換算できないような、さまざまな物的、人的な条件によって支えられている。

BIは先に触れたように「自由」という点から支持され、BIの財政負担は非常に大きいものであっても、BIさえあれば福祉政策や公共事業をほとんど不要にできるので、政府や行政の徹底したスリム化が実現できる、としばしば論じられてきた。しかし「お金」の分配だけで人々の生活(生存)の基礎が確保されるか、といえば、実際的に考えてみるとかなり困難な問題に直面するだろう。たとえば「がん」についていうと、がん治療にはお金がかかる。高額ながん治療はBIで賄えるようなものではないし、他方で政府財政をもっぱらBIに回してがんの研究に政府が助成しないとすれば、市場ベースで成り立つものを除いて、少なくとも希少ながんについての治療は進まず、放置される患者が続出することになるかもしれない。

現代社会での生活に「お金」が重要なことは言うまでもないけれども、生活がすべて「お金」に還元できるわけではない。もちろん民主党政権もそんなことはわかっていたのだろうけれども、「お金」には換えられない生活諸関係に十分な想像力を有していたとは言いがたい。モノ的な基盤と無関係にわれわれの生活が営まれているわけではなく、「人」の生活は「モノ」に対立する概念ではありえない。自民党長期政権における公共事業中心の政治を批判することには一定の意義があったとしても、「生活が第一」から「コンクリートから人へ」には飛躍があり、その結果人間の生活に必要な政治的配慮が、そこから漏れ出したとしてもおかしくない。そのような問題点を根本的に露呈したのが、ほかならぬ二〇一一年三月一一日の大震災であった。

†大震災と高速道路無料化政策

二〇一一年の大震災で、自衛隊が被災者の救援活動にきわめて多くの貢献をなしたことは、よく知られているが、ここではそれに関連しながらあまり報道されていない面について記しておきたい。北海道には陸上自衛隊の大部隊が駐屯しており、被災地の東北に近いこともあって、ただちにこれらの部隊に救援の命令が下った。しかし問題は、これらの部隊を被災地に運ぶ手段が乏しいことであった。航空機は速く到達できるが、輸送できる人員や物資は限られている。海を隔てた北海道からの輸送には船舶が不可欠であるが、海上自衛隊が融通できる輸送艦はわずかしか存在しなかった。そこで、陸上自衛隊は、ひとつはアメリカ海軍（トモダチ作戦）、もうひとつは民間フェリー業者に輸送を依頼した。

陸の交通機関である道路と鉄道は、地震直後かなりの範囲にわたって寸断されていた。それに対して船舶は、一般に地震や津波の災害に対して強い乗り物である。津波に際して、港に停泊していると陸に持ち上げられる危険が大きいが、適切に緊急出港することができれば、ある程度以上の大型船は難を逃れることができる。今回も大型フェリーは緊急避難後、北海道側の主要な物流基地である苫小牧港をはじめ、小樽港や函館港などに集結して、陸上自衛隊の部隊や、また陸上交通のストップによって滞留していた救援物資や一般の生活物資を運ぶことに多大の貢献をした。

大型フェリーは、人員、車両、物資を同時に大量に運搬することができ、また大規模な供食設備や入浴施設を有することから、輸送のほか避難所機能を含めて、大規模災害救援に最も適した船型である。これらのことは、一九九五年の阪神淡路大震災で実証されていたことだった。実際、今回の大震災後、アメリカ海軍が撤退したあとも、民間のフェリーは長期間にわたって、自衛隊の救援部隊をはじめ、自治体職員、警察、消防、医療関係者、そしてボランティアの人々を運び続けた。

ところが、民主党政権の掲げた高速道路無料化政策によって最も大きな打撃を受けていたのが、フェリー業界だった。船舶による輸送は、国内の物流で現在もトンキロ数で約四割を占め、物流の根幹を担っている。船舶は鉄道貨物に次いでCO_2排出量が少なく、自動車では最も効率のよい大型トラックによる輸送に比べても、約四分の一だとされている。船舶や鉄道のような環境負荷の小さい手段へと輸送を移行させることを「モーダルシフト」と言い、国土交通省などによって建前としては推進されてきたことになっていた。

しかし、実際は近年の国の政策は、明らかに「モーダルシフト」と逆行していた。すでに高速道路の建設・延伸に加えて、政権交代前の自民党政権末期から高速道路トラック料金の大幅割引、そして景気対策の名目で土休日のETC装備乗用車の一〇〇〇円均一料金が実施され、鉄道や船舶から道路への「逆モーダルシフト」が引き起こされていた。民主党はさらにマニフェストで、全車種について高速道路無料化を実施するとしていた。

民主党は同時に、マニフェストにCO_2排出量の削減を掲げており、鳩山は二五パーセントの削減を国際会議で約束していた。この逆モーダルシフトとなる政策はそれと矛盾することが明らかだったが、民主党は高速無料化によって一般道の渋滞が緩和されてCO_2排出量が減少すると説明した。しかしその見積もりは鉄道や船舶からの道路への移転という当然のことが盛り込まれていない杜撰《ずさん》なものにすぎなかった。CO_2排出削減がスローガンとされて、スーパーでのレジ袋の廃止や家庭での太陽光発電が推奨されたりしているが、そうした努力によるCO_2削減よりもおそらくずっと大きい量のCO_2排出増加が、物流の「逆モーダルシフト」によって生じるだろう。一貫しない政策は社会各所での努力を無意味化してしまう。

また高速道路無料化は物流コストを下げることを目的にするとされたが、デフレが進行していた当時、この目的もきわめて疑わしいものだった。欧米では多くの高速道路が無料であるという論拠も、だからそれが正しいということにはならないし、また膨大な税金を投入して道路が建設され続けている日本の場合、条件は明らかに異なると言うべきであろう。

さらに民主党は、これ以上高速道路を建設しないために、財源としての料金収入を断つべきだ、という奇妙な論拠を持ち出した。今後建設しなくても過去に建設した分の負債は残り続けるわけであるし、維持費もかかる。それになにより、民主党政府自身が、今後は建設しないという約束を簡単に撤回し、この論拠はいっそう訳のわからないものになった。

†道路政策の見直しへ

自民党、民主党政権を通じての高速道路優遇政策は、鉄道、バス、船舶などすべての公共交通機関の業績を圧迫し、なかでも道路並行型のフェリー航路は、料金差のために船に載せるかわりに道路を自走するトラックが増えることによって輸送量が大きく減少し、今後の事業の見通しも立たなくなって、一時は業界全体の壊滅も考えられるような危機に陥った。実際、瀬戸内海などを中心に、撤退したり減便したりする航路が相次いだ。鳩山が友愛の名で正当化した民主党の政策によって、多くの船員や航路関係の労働者が職を失ったり転職を余儀なくされたりした。

一方、阪神淡路大震災の教訓などから、自治体が地震など大規模災害に備えて防災船を保有しようというアイデアも存在し、静岡県のように実際に所有していたケースもあった。

しかしコストが大きすぎて維持できなくなり、代わりにいくつかの自治体は、フェリー会社と災害時の協定を結んでいた。当然、高速道路優遇（割引、無料）策は、地方で観光客増大などを見込んで歓迎する向きがあったが、自治体としては航路の撤退や鉄道の衰退を放置するわけにもいかない。自治体は国の気まぐれな政策に翻弄され、どう判断すればよいかわからなくなってしまった。

大震災を契機として、民主党の道路政策は見直され、災害時の船舶の有用性については、国土交通省の各運輸局や自治体などのあいだでは認識が共有されつつあり、フェリーなどを利用した病院船の計画も進行している。しかし、民主党の政策は財源を復興に回すために不可能になったということ以上には、根本的に問題にされるに至っていない。

長距離フェリーはとくに物流については合理性の高い輸送手段であり、政府による道路への一方的な税金投入がなければ、市場で競争力を有していた。船舶のリプレイス（代替新造）も、離島航路の場合を除いてたいていは船会社が自費で行なってきたのであり、船価は一隻数十億円以上にもなるので、この点での景気刺激効果も無視できない。民主党政権は道路への税金投入によって、このような民間投資を妨げてきたのである。

一方、自衛隊と民間船舶の協力という点では、新たな状況が展開しつつある。大震災を機に強まった協力関係から、災害時だけでなく、自衛隊の演習時の戦車運搬や非常事態

（たとえば北朝鮮によるミサイル発射）時に、フェリーが自衛隊に協力を要請されるケースが増えている。私は大震災時の自衛隊の活躍に敬意を惜しまないものだが、災害時と軍事行動とを同列に扱うことには慎重であるべきだと思う。災害時に民間で対応できる備えがあることが重要であり、民間の船舶がいつでも軍事目的に転用され徴用される可能性があるのであれば、そうした民間の備えの自律性が失われてしまうだろう。これは後でも論じるように、民間が公的な機能を担うさいに生じる問題のひとつであると言うことができる。

†「社会実験」としての無料化――「経済秩序」の観念の欠如

民主党の道路政策には、災害への防備や環境問題に加えて、他にもさまざまな問題が見出される。まず大都市とその周辺を除けば、移動に車を使う人が多く、公共交通機関（鉄道、バス、船など）を使う人は少数派である。最大多数が得をするのが最善という、素朴なタイプの功利主義の立場（これは先に見たようにロールズが批判したものである）にたてば、多数の利益になる道路を優遇することが望ましいということになる。メディアの報道の多くも、高速道路の割引や一部無料化によって、観光施設の入場者が増加し、経済効果があったことを伝えていた。

しかし同時に、この政策によって損害を被った人々も多くいるとともに、先に触れたように、CO_2排出の増加、渋滞、災害時の備えの弱体化などの問題が発生するのであり、政策の評価として、このような一見した「最大多数の最大幸福」でよいのかは根本的に問題がある。公平さという観点から、政策について考えてみる必要がある。

民主党政権は、さまざまな「社会実験」をすることを好んだ。高速道路無料化政策は、当初考えられていた原則無料化が財政難を理由に先延ばしされ、かわりに特定の区間を定めた無料化の「社会実験」が行なわれることになった。このような政治思考の問題点について検討したい。

たとえば首都圏から延びる自動車道のうち、A自動車道は無料化され、B自動車道は有料のままに据え置かれたとしよう。当然、Aの交通量は増加し、A沿道に所在する温泉旅館の客もまた増える。一方B沿いの温泉旅館はどうかと言えば、客数は増えないだけではなく、減少する。消費者の側からすれば、いくらかの好みがあるにしてもたいていは温泉旅館であればどちらでもいいわけで、客は交通費の安い方に流れ、わざわざ高い高速代を支払ってB沿道の温泉に行く人は少なくなるにちがいない。

消費者の立場からみれば、とりあえず安く行ける行楽地ができたわけで、無料化実験は歓迎できそうに思われる。一方供給者側についてみると、B沿道の温泉地は、客が減って経営が困難になり、政治に強い不満と不信を持つだろう。税金を投入する「実験」によって、自らも税金を支払っているのに不利益を受け、「実験」といいながらその不利益は補塡されない。一方A沿いの温泉は客が増えて経営は好転するが、設備投資を行なう気になれるだろうか。A自動車道の無料化は実験であって、いつまで続くかわからない。B沿いの施設は不満を持っているから、B道の無料化を要求し、政治がそれを認めれば今度はA道が有料に戻されて客が激減するかもしれない。そうであれば客が一時的に増えたからといって、設備投資をするのは危険である。

政治が何をするかわからない限り、政治によって運命を左右されるそれぞれの事業者たちは、投資してもそれが無駄になり経営を圧迫されかねないので、うかつに手が出せなくなり、経済は拡大していかない。その結果、古い設備で我慢することになる消費者にとっても、結局利益にはならない。政治家は好意で景気対策をしようとしているつもりでも、それを受け取る側は大きなリスクに耐えられない経済主体であり、その行動は、政府が期待するものにはならないのである。

震災後、一般的な無料化や割引の廃止と引き換えに、被災地救援の名目で行なわれた東北地方の自動車道無料化政策も、そのやり方はひどいものだった。当初北関東以北のインターチェンジ(IC)を使用しさえすれば、あらゆる車が無料となったため、九州から首都圏へ向かう被災地と全く無関係なトラックが茨城県のICまで行って東京方面にUターンする、といったことが頻発した。これは税金の無駄遣い、CO_2の無駄な排出であるばかりでなく、茨城のICの近くではトラックが激増して子どもの登下校に危険だと批判が出て、ようやく見直された。

民主党政権は一部トラック業者の悪徳を非難したが、問題はそんなところにあるのではない。人間はかならずしもはじめから邪悪な訳ではない。邪悪に振る舞った方が得になるような不公正な制度が人間を邪悪にするのである。このような事例も、そういう政策を採用すれば人々がどのように反応するか、ということについての、民主党政権の想像力の欠如が生み出した問題のひとつであった。

高速道路無料化の社会実験は、そもそも無料化すれば利用者が増えるのは実験などしなくても自明のことであって、何をもって成功あるいは失敗と判断するのか不明な、「実験」の名に値しないものだった。

民主党の道路政策は、政治全般からすれば小さな問題であり、なぜこんな問題にこだわるのかと思われるかもしれない。実際、民主党支持か自民党支持かをめぐる議論の多くは、今もなお残る左右のイデオロギー対立に関係するものであり、道路政策のような問題がまともに取り上げられることはまれである。しかし、一見して重要ではなさそうな事柄に関する小さな失敗の積み重ねが、政権への信頼を失わせることは十分にあるだろう。

このような配慮の欠如が生じる理由を考えてみると、この政権には「経済秩序」という観念が欠如していたからではないかと私は考えている。民主党は経済秩序の観念なしに、「国民の生活」を理由に市場に介入しようとした。問題は市場に介入すべきかそうでないか、というような二者択一にあるのではない。先に触れたように、市場中心の新自由主義でも多かれ少なかれ市場に介入しているのであって、問題は市場をうまく機能させる介入か、そうでない介入か、という点にある。民主党政権は、経済諸主体にとっての予見可能性を失わせるような介入をすることにより、経済秩序を成り立ちにくくさせた。

†公共交通機関の役割への軽視

これに関連してもうひとつ問題を指摘しておこう。民主党の高速道路無料化策に対しては、鉄道やバス、航路など不利益を受けるほとんどの業者から反対の声が挙がった。実際、業者の主張の方が民主党よりもずっと公共の利益に適うものだった。これに対して民主党を支持する側は、「業者」の利益を「消費者」の利益に対立させ、後者が正義であるのに対して前者は特殊利益だと論じた。しかし、こういう対立構図で消費者に味方し業者（資本）を非難するというのは左翼ポピュリズムがしばしば陥る安直な単純化である。

この見方は明らかに一面的である。公共交通機関の業者にとっての利益は、同時にそれを利用する消費者にとっての利益でもあり、それらの業者の経営の悪化によって、交通手段の廃止や減便、値上げが生じるならば、その利用者にとって不利益となることは当然である。

また、国鉄分割民営化以来、日本の公共交通のほとんどが民営化されたのに対して、道路は実質的には国有（公有）であることから、民営企業を優遇するわけにはいかないが道路には税金をつぎ込めるという理屈が出てくる。その結果、政府が景気対策として道路に一方的な優遇策をとれば、公共交通機関は衰退し、公共サービスが低下するというおかしなことになるのである。公共交通機関を民間が担うこと自体には問題はない。しかし、国有（公有）の道路と民営の公共交通のバランスを保てるような制度設計を考えないと、道路交通しか残らないような国土になってしまうだろう。

そうした関係の再構築は市場によってはなされないので、政治がなすべきことである。しかし、自民党政権も民主党政権もそうしたことには手を付けず、道路の「安売りナービス」で有権者の支持を取り付けようとした。景気対策が必要であるならば、道路のほかあらゆる交通機関に利用できるクーポンを配布するなど、不公平にならない方法はいくらでも考えられたはずだがそうはしなかった。大半の道路（一般道）は無料であり、それゆえ道路経営は必然的に赤字なのだが、このことは問題にされず、赤字の公共交通機関に税金を投入することの問題ばかりが取り上げられるという不公平な事態になる。ガソリン税のように道路の便益の対価として利用者がその一部を支払っている面もあるが、民主党はこのガソリン税も減額しようとした。

自動車交通が悪いというのではない。自動車がこれだけ普及したのは、そのメリットがデメリットよりもずっと大きいからだ、というのは基本的に正しい。しかしこのことは、車がすべてで他の交通機関がなくなってもいいということを意味するものではない。たとえば高齢化社会への対応という問題がある。車を運転する高齢者の交通事故はしばしば問題になるが、もし車以外の交通手段がなくなってしまえば、高齢者は運転に不安を感じるようになってもいつまでも車を手放せなくなる。大都市圏以外では、鉄道やバスの不採算による撤退が相次ぎ、老人の移動の手段が狭められてきている。そしてそのコストは道路交通の危険に跳ね返ってくる。

交通事故死者数は減少傾向にはあるが、日本全体で一年間になお約四〇〇〇人(これは事故後二四時間以内の死亡数であって、実際はそれを上回る)の犠牲者を出している。交通事故といってもそれは要するに自動車事故であって、それ以外の交通機関では、自殺などを別とすれば死者が出ること自体まれであり、自動車交通の特殊性を示している。なかでも、トラックが関係する事故は、人命の損失など悲惨な結果を招くものが多い。その危険は、しばしば問題にされながら解決されていないトラック運転手の過酷な労働条件によっていっそう高められている。大型トラックは自動車のなかでは輸送効率に優れた乗物でありトラック輸送自体はもちろん不可欠だが、トラックの自走する距離を減らし、その分を船舶や鉄道貨物に移行させることは、CO_2排出量の削減に加えて、乗用車で高速道路を利用する消費者にとっても安全度を高めるメリットがある。

自動車が便利な反面、多大な社会的費用を負っていることは、一九七〇年代に高名な経済学者宇沢弘文によって論じられていた（宇沢 一九七四）。この書は名著として受け止められたが、現実には宇沢の提言とは逆に、道路交通への依存は年とともに高まってきていた。民主党が自民党の開発主義政治に対するオールタナティブを考えるさいに、七〇年代の思考に学ばなかったことは遺憾である。

†なぜ公共的なインフラを弱体化させてしまったのか

このように民主党の税金投入は、一時的に消費者に得をした気分にさせることと引き替えに、公共的なインフラを弱体化、空無化させ、災害対応を脆弱化させる結果を招く方向に働くものだった。似たようなことは、おそらく「農業の戸別所得補償制度」にも当てはまる。ＴＰＰ参加によって岐路に立たされている農業という重要な問題について、ここで詳しい議論をする余裕はないが、何らかのかたちで農家を保護する必要は認めるにしても、この制度が農業を振興させるのに有益かといえば疑問であろう。

たとえばどの作物が補償制度の適用を受けるかは政府次第であり、この点で不公平が生じる可能性が高い。また、本気で農業をしなくても一定の補償が得られることから、意欲ある農家への土地集積が妨げられることが指摘されてきた。こうして運命が政府に委ねられ、その時々の政策に適応することが有利になるため、農家自身の長期的な視野に立った自律的姿勢が育たなくなるように思われるのである。

こうなってしまうのは、政策が選挙での得票目当てであるのに加えて、政治家が政策を構想するうえで、この世の中がどのように成り立っているのか、ということについての知識と想像力が欠如していることが根本的に問題なのだろう。より正確に言えば、誰もすべてのことを知りえない以上、自分が知らないことへの敬意をもつのが当然であるのに、政治家たちは自らが「知らない」ことを「知らない」ゆえにそうした敬意の持ちようもなかったのではないか。民主党の政治家が政権獲得時にしばしば見せた「上から目線」的な傲慢さは、このような欠如におそらくは由来していた。

緊急時には通常時とは異なった政策を決断すべきだ、という説がある。強いリーダーシップの必要を主張する論者は、こうした非常事態での決断を言い立てたがる傾向にある。

これが正当かどうかは別として、重要なことは通常時にこの社会がどう動いているのか、という知識なしに、非常時に適切な決断などできないということである。民主党が結局有効な決断をなしえなかったのは、決断の意志が欠けていたというよりも、むしろ通常時に社会がどのように成り立っているかという基本的な事柄についての知識の乏しさによるものだったと思われる。

われわれの複雑な社会は、意識されている関係だけではなく、通常は意識されない依存関係によっても成り立っている。都市の住民は、スーパーやコンビニに商品が並ぶことを当然と考えていて、それを背後で支えている物流のシステムに考えが及ばないのが普通である。また、大震災後ある種の工業部品が、もっぱら被災地域で生産されていたため、遠く離れた地域で欠乏が起こるといった現象も見られた。大災害とはこのように、当然が当然でなくなる経験であり、われわれの生活が通常意識してはいない複雑な相互依存関係によってもできあがっていることを浮かび上がらせる経験である。

大震災などを振り返りながら政治の役割とはそもそも何なのかを考えると、政治家が何か目立つ振る舞いをすることではなく、主体は個人、企業、NPO、自治体などであって、これらの主体のさまざまな活動が可能になるような条件を整えることであると考えられる。

たとえば、ボランティアに行ってみたい、という人は多い。今度の大震災でも驚くほど多くの人々が救援活動に参加した。そういう意味で、一般に現代人には公共心や友愛の精神が欠けているというのは当たっていない。むしろ問題は別のところに存在することが多い。ボランティアに行ってみると途中の道路が渋滞してなかなかたどり着けず、着いたときには疲れ果てていたとか、現地でボランティアたちに仕事を分配する公務員が足りないために混乱するというようなことである。個人や個別の主体ではどうにもならないそのような活動の条件の整備こそが、政治に求められることであろう。

†生活重視のマニフェスト？——民主党の経済政策

さて、以上のように民主党が掲げた「国民の生活が第一」というスローガンは、その「生活」の内容や質を十分吟味しなかったことに、失敗の一因となる面があったことを指摘した。つぎに、民主党の経済政策が、このような生活重視の方針とどのような関係にあったかを考えてみたい。

第Ⅰ部から何度も触れてきたように、このところの先進諸国の経済政策は、政府支出を減らし市場に多くを委ねようとする「新自由主義」の側と、福祉や社会保障に関する政府の役割をある程度強化しようとする側とのあいだで、行ったり来たりが続いていた。しかし、日本政治の場合、こうした政策の対立構図は、自民党と民主党の二大政党の双方がそれぞれ内部に両方の主張をもつ政治家を抱えていたために、非常に曖昧なものとなっていた。

自民党は小泉政権によって大きく新自由主義にシフトしたが、先にも触れたように党内の反発は強く、切り捨てられそうになった地方利益を擁護しようとする側の巻き返しもあり、さらに金融恐慌に直面して麻生内閣はかなり大規模な財政出動を行なうなど、その方針は揺らいだ。一方民主党について言えば、自由党と合体して新しい民主党が結党されたさいに、旧自由党小沢一郎の構想は新自由主義的な性格を持っており、これを引き継いだとも言える。

しかし、新自由主義的方向は小泉時代の自民党によって先手を打たれてしまい、民主党もまた確固とした方針を持ちえなかった。二〇〇九年の選挙の時点では、金融恐慌の原因として新自由主義が非難の的となっていた。それゆえ「国民の生活が第一」を掲げる民主党のマニフェストは、大規模な財政支出を伴う「リベラル」寄りの印象を与えるものとなり、社民党や国民新党に接近した。このように、政権交代のシナリオが、小泉の強いリーダーシップを高く評価しこれを模範としていた政治学者たちによって書かれていたことと、政権交代を担った政党の政策の方向とが皮肉にも矛盾することになった。

†「事業仕分け」とマニフェストの整合性

その結果、自民党が新自由主義的な立場とそれに反発する立場に割れていたのに対応するように、民主党もその鏡像として、両者の立場が混合しているという判りにくい対立構図ができてしまった。こうした矛盾もあって、新政権の政策の一貫性は当初から怪しくなった。有権者は反「新自由主義」的な感情のなかで投票し、民主党のスローガンのように生活の安定を求めたが、民主党のマニフェストに掲げられた個々の政策については、はじめからバラマキ色が強く実現可能性に問題があることが見透かされていて、決して高い支持を受けているわけではなかった。

そんななかで、民主党が評価されたのは、「事業仕分け」と呼ばれる、行政の無駄を有権者の眼の前にさらそうとする試みだったが、これはむしろ、政府財政を縮小する新自由主義的路線と親近的だった。財政拡大を念頭に置いたマニフェストと、事業仕分けとが整合的かどうかを問われて当然であった。

マニフェストを実行するための予算を捻出するために、事業仕分けを行なって財源を確保する、という民主党の言い分の論理自体は矛盾していない。しかしそれが説得力を持つためには、事業仕分けによって削られるべき政策に対して、それらを犠牲にしても民主党のマニフェスト上の政策を実行する価値がある、ということが示されなければならないはずである。

民主党はそれを論証できなかったし、論証しようとする努力も見せなかった。そもそも廃止が宣告された事業は財政規模としては小さなものが多く、その節約効果は乏しいものだった。仕分けによって冷遇された科学やスポーツの領域でその後成果がつぎつぎに報告された（「はやぶさ」「スパコン」「なでしこ」）のに加え、「スーパー堤防」などの防災関連予算も低く評価されたことが、震災後仕分け人たちの不見識を露呈することになった。さらに、このような冷酷な仕分けを行なったことで、民主党のマニフェストこそ多くの無駄を含んでいるのではないか、という疑いが高まった。既存の政策も自らの新しい政策も含めて、一定の規準を設定して優先順位を設けるなど、当然あるべき政策評価が民主党には欠けていた。

†突然の消費増税案

この後民主党政権は、景気対策と財政健全化のあいだの深い二律背反に捉えられてしまう。菅直人は二〇一〇年の参議院通常選挙を前にして、財政健全化のために消費税一〇パーセントへの増税の必要を訴えたが、このような（さしあたり増税はしないというマニフェストからの）政策転換は民主党内で議論されておらず、あまりにも唐突だった。ただ、前年からギリシアの財政危機をきっかけに、財政難に悩む世界各国の国債が格下げられ信用を低下させるなど、「ソブリンリスク」が世界経済の深刻な問題となっていたことがあり、日本政府の膨大な債務を減らし財政を安定化させることがその正当化の根拠とされた。

菅の突然の増税策には、ギリシアなどのソブリンリスク問題に危機感を持った財務省の意向が影響を与えていると推測された。ギリシアと日本では経済規模も国債保持者も全く異なっているので、このような判断はいささか性急といえるものだった。この菅の不用意な政策転換によって参議院選挙で民主党は敗北した、と説明される。しかし奇妙なことに、政策についてのアンケートによれば、有権者の過半数は消費税増税の必要を認めていた。菅が敗れたのは、有権者が増税そのものに反対したというよりは、党内の調整も行なわず唐突に政策を転換する菅の政治手法に不安や不信を感じたことが原因であると思われる。

「大きな政府」論者は一般に高負担、高福祉を主張し、「小さな政府」論者は減税と財政支出削減を主張するが、ここに来て対立はややずれてきて、景気回復のために少なくとも一時的には財政赤字拡大を容認する（増税はせず給付を増大する）か、あるいは財政健全化を優先する（増税を行ない、また支出を抑制する）か、という対立へ移行してきた。これがその後、小沢・鳩山グループと民主党内主流派（反小沢派）の政策的対立となっていく。

政策論争は党内の権力闘争に従属して、「マニフェスト堅持派」と「修正派」の不毛な対立に終始することになった。

†雇用促進政策の意図せざる結果

また菅は当初、雇用促進の重要性をスローガンに掲げていた。しかし、雇用増大の具体的な方策には結びつかず、空振りに終わった感が強い。その後大震災を経て、その復旧対策としての景気政策もさほど成果を挙げることなく、菅に替わった野田佳彦首相のもとで「社会保障と税の一体改革」が追求される。野田政権は鳩山と菅の二つの政権のもとでの混乱の教訓から、着実な政権運営を試みたが、そのかわり自民党政治に対する民主党の独自性は発揮できず、政権のアイデンティティは政策面からもほとんど失われてしまった。

政権獲得時の民主党の経済政策は、「最低賃金の引き上げ」「派遣労働の制限」など、労働者を保護する社会民主主義的な方向をもっていた。格差や貧困化の進展に加えて、金融恐慌のもとで社会の危機が進行したこの時期の日本社会にあって、こうした政策の意図は十分に正当性や整合性があったように見える。しかし、ここにも皮肉な結果が生じる可能性があった。不況下で非正規雇用の制限を強めたり、その最低賃金を強制的に上げたりするならば、企業はコスト削減のために、正規雇用を増やすことなく非正規雇用を切る行動に出ることが予想される。最低賃金の引き上げや派遣の制限は、菅内閣が掲げる雇用の増大と反対方向に作用してしまう。

ある政策が採られることによって、当初予期していなかった結果が生じ、それが当初の目論見を裏切ってしまう、という事態は、とくに現代の政治についてはしばしば見られる。これは、政策が働きかける相手が一定の自由度をもっているとともに、リスクへの対応をつねに迫られる立場にあることが前提にある。このような政治における「再帰性」を踏まえたうえで、政策とその効果を社会の複雑な関係のなかに置いて慎重に検討する努力が、民主党政権には十分ではなかったように思われる。このような条件を考慮に入れたうえで、統治性のあり方を考え直す必要があろう（後述）。

†政府の介入が個々の主体のリスクを増大する

民主党政権が「生活の重視」を最重要なものと考えたことは、先にも触れたようにおそらくそれほど間違ってはいない。しかし、これまで見てきたように、①「生活」を支える、多くは意識されない客観的な依存関係についての無知、②政策によって影響を受ける個々の主体が抱える経済リスクへの配慮の乏しさ、によって、民主党の「国民の生活が第一」では、「生活」の安定など望めないと多くの有権者が見限ったからこそ、民主党は支持されなくなった。これは民主党政権当初からあった問題であり、民主党を離党した小沢一郎が民主党の方針転換を「裏切り」として告発し「生活の党」を立ち上げてもやはり支持されなかったのは、小沢もまた「生活が第一」を繰り返し言うだけで、「生活」の内実を検討しようとはしなかったからだといえよう。

言うまでもないことだが、市場は個々の経済主体に対して、しばしば残酷な仕打ちをし、各人の努力が市場によって無にされることは珍しくない。市場はそれゆえ、気まぐれで知られるローマの運命の女神フォルトゥナを継ぐものとされてきた。市場が存在する社会においては、この気まぐれなフォルトゥナを制御し、正義と安定を取り戻す役割が政府に期待されることになる。しかし困ったことに、民意にもとづいてフォルトゥナを制御するはずの政府が、それ自体フォルトゥナと化すことがある（第3章参照）。民主党政権下での政府の恣意的な介入もまた、そのケースに含まれるだろう。

社会の繁栄は、小さなリスクしか負うことのできない無数の経済主体（中小企業や家計など）の活動に負っている。政府もまた破綻する危険がないわけではないが、他の主体に比べれば圧倒的にリスクへの耐性は大きい。これまで見てきたように、政府の恣意的な介入は、個々の主体に致命的なリスク要因としてはたらく。政府は民意の名で自らの政策を正当化したがるが、個々の主体からみれば、たとえば不公平な税金の支出をする政府こそどうにもならない運命として受け取られるしかないものになる。

†「友愛」の前提を政権が破綻させた

鳩山の「友愛」論では、各人の自助努力がまずあって、それで不可能な場合は政府が「友愛」の手を差し伸べることになっていた。しかし民主党による政府介入は、それが恣意的であったために、かえってすべては政府次第という姿勢を生み、各人の自助努力を無意味化する方向に働いたことにより、「友愛」論の前提は破綻してしまった。

しかも市場におけるリスクと政治によるリスクとでは、受け取られ方が異なっている。市場がもたらす不条理は、それが望ましい態度であるかどうかは別として、半ば自然現象（天災）のようなものとして受け取られ、仕方がないと諦められることが多いのに対して、政治がもたらす不条理は、責任主体が明確であるために、その担い手の権威が失われれば憎悪の対象となる。

「友愛」をスローガンにした政権は、自ら気がつかないままに、憎悪の種を蒔いていた。「友愛」は望ましい関係だが、正義や公正に取って代わることはできない。私たちは職業、性別、年齢等によって、相互に利害の対立する複雑な社会に生活していて、私にとって利益になることが、あなたにとっても利益であるとは必ずしもいえず、あなたにとって利益であることが私にとって利益である保証はない。こんなことは円高・円安やTPPへの参加・不参加などを例にとればすぐに理解されることである。このような対立が存在するところでは、まず必要なのは公正なルールであって、これを欠くならば「友愛」は無力でむしろ混乱の原因になってしまう。念のために言うと、友愛が不要だというのではなく、それが可能になる条件として正義や公正が必要だということである。

日本の政治はずっと出来の悪いものとされていたが、それを補っていた経済への自信も今ではすっかり失われている。それでも日本の社会がカタストロフを免れているのは、大震災などの非常時においても、普通の人々が職業的使命や社会的役割を放棄せず、しっかり果たそうと努力するからだと考えられる。電車に乗れば安全に目的地に連れて行ってもらえるし、病院に行けば清潔で配慮の行き届いた治療を受けられるが、こうしたことが当たり前であるのは、それぞれの職場で働く普通の人々が、特に誉められるわけでもないのに、当然のことを当然としてきちんと仕事をしているからである。

しかし、こうした前提が今後も維持されるとは限らない。政治のあり方が、まじめに働くことを人々にばかばかしく感じさせるとするならば、それが本当のカタストロフの誘因になるかもしれない。

†沖縄基地をめぐる失敗

民主党政権の政策の検討の最後として、「沖縄普天間米軍基地の沖縄県外への移転」「定住外国人の地方参政権付与」などを簡単にみておきたい。これらの政策はいずれも民主主義の内部と外部の境界に位置する問題である。またこれらは鳩山の「友愛」にもとづく左派寄りの政策と見られていて、社民党とのあいだに共通点もあり、自民党政治からの転換を求めていた人々から、社会保障政策以上に期待を込められていた。民主党の支持者のなかには、民主党にかつての「革新」(平和と民主主義の擁護、対米従属批判)の復活を求める人々が含まれていたことも、こうした期待につながっていた。

しかし、これらの政策はどれも当初の意図どおりに実行されたものはなかった。いずれの政策も頓挫したうえに、政権交代後から世論のレベルでは、いわゆるネット右翼と呼ばれる人々の排外主義的活動が活発化し、また韓国や中国など近隣諸国とのあいだに領土問題が発生するなどして関係は悪化した。「友愛」どころか、民主党のねらいとは逆の方向へと世の中は進んでいった。どうしてこのような思惑と異なる結果になったのだろうか。

今さら述べるまでもないが、日本の戦後史において、第二次世界大戦末期に地上戦の惨禍に見舞われ、その後一九七二年の日本返還まで長くアメリカの主権下にあった沖縄は、日本復帰後も多くのアメリカ軍基地が置かれ、アメリカ兵による住民に対する犯罪など、大きな犠牲を負ってきた。沖縄は復帰後も日本政治においてマイノリティの位置におかれてきた。

民主党政権が総選挙において、アメリカ軍基地の国外、あるいは最低でも県外移転を約束したことは、沖縄県民に大きな期待をもって迎え入れられた。アメリカ政府が交渉相手である以上、多大な困難は当然予想されたが、この政策転換を評価する者は多かった。しかし、鳩山政権の基地問題への現実的な対処は拙劣を極め、アメリカの反対に対してなすすべもなく後退して、沖縄内部での辺野古への移転を承諾するという期待はずれの結末に終わる。

政治は結果がすべてであり、政治家の負う責任はただ結果責任だ、という考え方がある。政治家は言うだけであってはだめで、その実現に責任を持つべきだ、という意味では全くそのとおりである。しかし結果として実現しなかった政策はすべて無意味かというと、おそらくそんなことはない。結果としては実現されなかった政策が、その後時をおいてから別の政治家や政党によって再び試みられるさいの足掛かりとなることがしばしばある。かつて発せられた政治家の言葉が、当時の政府関係者のなかに異なる意見が存在したことの証拠として残され、将来の可能性を開くことは十分考えられる。

そのような意味で、鳩山が沖縄基地問題に関して、これまでの自民党政権と異なる意見を表明したこと自体は、結果が実現できなかったことによって当然にその意義を失うというものではない。実際、鳩山の発言によってこれまでになく日本の有権者のあいだに沖縄基地問題が知られるようになったことを評価する人もいた。

しかし、問題は挫折に至る過程にあった。それは、なすべき努力をしてなお成功に至らなかったのとは程遠いもので、誠意があるようには見られず、選挙で得票するために沖縄の人々の悲願を利用したと見られても仕方のないものだった。またその過程で鳩山自身が沖縄の米軍は抑止力のために重要だと認め、安全保障についての原則的な考え方において も妥協したために、そもそも定見がなかったと受け取られることにもなった。こうして、異論を提出した意義よりも、この失敗によって同じ問題を再び持ち出すことが当分は不可能になったことへの絶望感の方が優ってしまったのである。

このようにして、鳩山政権の理想主義の一角が大きく崩れてしまった。「革新」に期待していた人々は政権から離れていき、とりわけ沖縄の支持者たちの落胆と怒りは大きなものになった。先にもみたように、民主党が「改革」(戦後体制の清算)の文脈のなかで生まれ、「革新」(戦後憲法体制の維持)の復権を目指す人たちがこの政権に期待するのはそもそも幻想だったともいえるのだが、そうであるとしても沖縄問題や対米政策について、自民党とは異なる立場を打ち出す余地はあるはずだった。それが沖縄基地問題への不用意な対処と早すぎる諦めによって、オールタナティブ自体が失われることになった。

†定住外国人への地方参政権の付与

次に、「定住外国人に地方参政権を付与する」政策を取り上げる。これは、民主党のなかで構想されていたにもかかわらず、マニフェストには載せられなかったという点で沖縄基地問題とも異なっている。民主党がこの政策をマニフェストに載せることができなかったということ自体が、こうした問題を扱うさいの民主主義論上の困難を示している。

参政権の付与というかたちで民主主義の外部にある人々をその内部に取り込もうと試みる民主主義のプロセスにおいて、当事者である外部の人々はまだ民主主義的発言権を持たず、一方民主主義の内部にいる人々（日本人の有権者）にとっては外部の人々を内部化する利益が認識されにくい。内部の人々にとって「自分たちのため」でない決定に、どうやって支持を集められるかという原理的な困難さが伴っている。

定住外国人、とりわけ在日韓国人のように、複雑な歴史的経緯によって日本社会のなかに生活しながら民主主義の外部に留め置かれてきた人々を、民主主義の内部へとどのように受け入れるかということが問われている。こうした問題は歴史上の反省も含め、民主主義が作用するための前提を問うという意味で、とくに「国民国家」を前提に民主主義のメンバー（シティズンシップ）を「国民」に限ってきたことを考え直すという意味において非常に重要なことだと思う。

従来の民主主義の考え方では、「外国人」の存在は例外的であり、何らかの目的（仕事、留学、旅行など）のために一時的に国内にとどまるだけで、永く居住しようとするなら「帰化」して元の国籍を変更することが当然だと考えられてきた。しかし現在では、歴史的経緯で永住している人々に加えて、国際結婚の増加などにより、国籍と居住地とが長期にわたって一致しない人々が普通になりつつある。

もっとも、国籍を異にする人々と共生していく方法として、地方参政権の付与がよいのか、それよりも他に当事者が望む制度がありうるのかは、慎重な検討を要する問題である。定住外国人に地方参政権を与えるという問題提起は、それ自体は意義のあるものだったと言えるが、実際に議論を始める以前に激しい反発に遭い、民主党を糾弾する右翼の活動などによって、定住外国人ら少数者にとっては以前の自民党支配時代以上に厳しい環境が形成されることになった。なぜそのような帰結に至ったのだろうか。ここでは少数者に関する正義と利益政治という観点から考えてみたい。

†マイノリティの保護と利益政治

外国籍者などの人々を新たに有権者として迎え入れようとする政策が、それを実行しようとする政党の、外国籍者票を期待した党利党略にもとづくとみられるならば、すでにその政策は正当性を半ば失っていると言えよう。実際、五五年体制以来、外国籍者をはじめとするマイノリティの利益に関係が深かったのは当時の野党の側であり、社会党から多くの議員が流入した民主党は、マイノリティ利益と個別に結びついていると見られがちだった。

そして民主党の有力政治家たちが、法で禁じられた外国人からの政治献金を受けたことが問題とされることで、いっそうそのような印象を深めた。外国籍者からの献金は小額であり、そもそも外国籍者からの献金を一律に禁じるべきであるのか、疑問は多い。しかし、政党と（マイノリティの）特殊利益との結合というように受け止められるようなことをすれば、このような政策を推進するにあたって致命的になることは明らかである。

そもそも「五五年体制」が、トップでは保守と革新との和解不可能なイデオロギー対立が演じられる一方で、その裾野においては自民党も社会党もそれぞれの利益団体を組織し、自民党が財界や農家の支持を得ていたのに対して、社会党は労働団体やマイノリティ集団

（外国籍者のほか、非差別部落、女性団体など）の利益を代表していた。イデオロギーでは対抗的な両者には、利益政治という面では皮肉にも似たところがあった。

こうした利益政治の構図は、冷戦終結後イデオロギー政治の構図の崩壊と同様に陳腐化していったが、イデオロギー政治と違って利益政治は「生活」に直接関わるものなので、容易に清算されるわけではない。政権交代によって成立した民主党政権は、自民党の利権政治を批判して戦後の前提を解体する方向を目指したが、このとき民主党自身が、「五五年体制」を引きずる利益政治的側面によってかえって脆弱さを露呈し、自らの存立を揺るがせるという皮肉な結果をもたらすことになる。

マイノリティの運動にはもちろん民主主義的要求を正面から掲げる運動も存在したが、それは少数者の生活利益がからむ問題でもあるために、マイノリティを擁護する立場は、少数者利権と結びついているとして批判の対象となり脆弱性を帯びやすい。利益政治は自民党だけの手法ではなく、旧社会党系もまた、自民党とは異なる団体とのあいだに利害関係を有していた。民主党がこうした利害関係を継承した面があるのは当然のことである。民主党がその支持を得るうえで大きな力のあった利益政治批判が、より強力な保守層よりもむしろ、もともと野党支持だったマイノリティの生活基盤を、民主主義の名で窮地に追い込むことになったのである。

†排外主義運動の昂進

そうした傾向のより極端で危険なケースは、在日外国人に対する排外的な運動に見られる。東京や大阪などの大都市の外国籍の人々（とくに在日韓国人）が集住している地区で、「出ていけ」などと侮蔑的で聞くに堪えない憎悪のことば（「ヘイトスピーチ」）を浴びせかけている集団が存在する。注目すべきは、こうしたヘイトスピーチを繰り返す団体が「在日特権を許さない市民の会」（在特会）を名乗り、「市民」を自称するとともに、「特権」を批判するという、あたかも「民主主義的」要求であるように見えるものを掲げていることである。

右翼運動の「市民運動」化は、すでに日本でも草の根の声に依拠したとされる「新しい歴史教科書をつくる会」などに先駆があり、市民運動の両義性が示唆されていたが、特権への攻撃というかたちをとる「在特会」は、民主主義の両義性をより深刻に認識させるものである。実際のところ、在日の人々が歴史的な経緯を配慮して他の永住外国人と異なる扱いをされることが「特権」と言われるべきかどうか疑問であるし、たとえ「特権」であり、多少の「特権」を認められるとしても、日本でマイノリティとして生きることが多数者である日本人よりも有利だということもほとんど考えにくい。しかしそうであるにもかかわらず、言説の上で、排外主義的運動が「特権を許さない」という一見して「民主主義的」な主張を掲げ、外国人を攻撃する「言論の自由」を要求するというような、転倒が生じる時代となったのである。

利権政治を変えようとする一連の「民主主義的」な政治改革の路線が、有力な利権を切り崩すことに成功したかどうか疑わしいが、皮肉なことに、その傍らで外国籍者や生活保護受給者などの少数者のささやかな「利権」に対して容赦のない攻撃が加えられる結果となった。民意に立脚する政治という、政治改革でも強調された民主主義の建前は、かえって少数者に対する不寛容な態度を助長することがあるのを忘れてはならない。

†不寛容な世論はなぜ強まったのか

政権交代との関連で言えば、こうした日本社会の一部での排外主義の浸透は、直接的に民主党の責任というわけではない。ネット右翼らしきものは政権交代以前から存在したし、当の民主党自身がネット右翼から絶えず「売国奴」などと罵られていた。民主党にも、いわゆる「タカ派」的な政治家が存在するが、平均的に見れば自民党よりも右翼色は少ない。民主党にあって問題なのは、その政策一般が有権者に将来の不安を与えたために、近隣諸国が日本の安全にとって脅威になるという言説にもっともらしさが伴って、右翼的な見方を助長させたことである。それに加えて、自民党の利権政治に対する批判が自らに向けられてくることに無防備であったことである。

少数者に対して利益を供与することで支持を得ようとするのは、利益と支持との交換という利益政治的な方法であり、当の民主党が批判していたものである。それが正当性において問題があるために、それとは別の方法で少数者の立場を守り、政治社会に統合しようという意図は、たしかに民主党に存在したと思われる（定住外国人への地方参政権の付与など）。

こうした問題は、それゆえ利益の問題としてではなく、公正（正義）の問題として推進する以外にはない。そのために反対者を説得する「熟議」は不可欠であるが、このような問題については「熟議」にもまた限界がある。理由が何であれ、絶対反対という人が少なからずいるからである。そうした場合、もし頼ることができるものがあるとすれば、それは一種の「権威」以外にはないと思われる。ここで言う「権威」とは「権威主義」という意味ではなく、政府に対する一般の信頼度が高いために、個々の政策における反対者でさえ、渋々ながらそれを認めないわけにはいかない、という働きのことである。たとえば、アメリカの民主党によって主導されたニューディールは、戦争を乗り切って高い国民的信頼を得たために、その「進歩的な」政策と反対の感情を持つ人々も、アメリカ民主党の功績を長く認めざるをえなかった。

日本の民主党政権は、信頼を得るのとは逆のことを政策の多くの面でしてきたために、有権者の多数によっては受け入れられにくい、少数者あるいは公式の民主主義の外部にいる人々の権利に関する問題を、非常にまずい状況で提示してしまったことになる。その結果、民主党の意図とは反対に、少数者に対して不寛容な世論が強まることになった。少数者の権利を考え直そうという意図において正当な試みは、政治的に失敗し、こうした問題を再び取り上げることが困難な状況ができあがってしまったのである。

以上で、不十分ながら民主党政権の政策を批判的に検討してきた。しかしこれは民主党の政策全体にたいする公平な評価をすることを目的とするのではなく、なぜ民主党の政策は失敗したかを政治思想の視点から問うことに限定されたものであることをお断りしておきたい。将来この時期の民主党の政策が政治学などの視点から分析され、別の意義が見出されることがあるかもしれない。しかし現時点では、自民党への政権復帰がなぜ生じたかを考えるためにも、民主党の政策の問題点をまず把握する必要があると思われるからである。

2 「マニフェスト政治」について

†「マニフェスト」とは何か

政策につづき、ここからは民主党政権の権力の問題について考えるが、それに先立って、「政策」と「権力」のつなぎ目にあると位置づけられる「マニフェスト政治」について検討しておきたい。「1 政策について」ではマニフェストの内容を論じたのに対して、ここではマニフェストを重視する政治のあり方の意義と限界について取り上げる。

「マニフェスト」は「政権公約」とも呼ばれていて、政党が選挙に勝利して政権獲得に成功した場合に、政府としてどのような政策を実行するかを有権者と約束した文書であるとされる。こうした手法が日本で始まったのは、二〇〇九年の選挙が最初ではないが、比較的近年であり、それほど長い経験の蓄積を持つものではない。イギリスではかなり以前から選挙にマニフェストが用いられた実績があり、イギリスのそれをモデルとして日本に持ち込まれたとされている。

「マニフェスト」が国政選挙に導入されるようになったのは、日本政治の近年の大きな変化と深い関係がある。かつての日本では、政治家は選挙のさいに有権者の歓心を買うきれいごとを並べたがるが、それらのいわゆる公約はもともとまじめに実行するつもりのないものであり、政治家の約束というのは嘘に等しいというのが常識と考えられていた。政治家は約束が実行されなくても責任を取らないし、有権者もそんなものかと納得していたという面もあった。

こうした政治家と有権者のなれ合いが可能であったのは、戦後日本で自民党の長期政権が継続したということと関係がある。首相は結局自民党のなかから、派閥の抗争や均衡によって選ばれ、誰が首相になるかは選挙での争点形成とあまり関係がなかった。社会党をはじめとする野党の側は、政権獲得の見込みがほとんどなかったから、社会主義社会の実現といった、可能性の乏しいことを訴えていても、一定の割合の票を得ることができた。

先の章で述べたように、こういう状況が一変するのは、冷戦が終結して自民党が政権を独占する根拠が失われ、新たに政権獲得のチャンスを求めて多数の新党が結成された一九九〇年代になってからである。そういう流れは細川内閣の連立政権から、民主党の結成へと引き継がれていった。かつての社会党のような自民党に対する単なる批判勢力ではなく、それに取って代わる政党となることが民主党には期待された。民主党にとってマニフェストがとりわけ大きな意味をもったのは、この政党が政権獲得そのものを目標として結成されたことと関わっている。

マニフェストがこれまでの政党の公約と異なる点は、だいたい以下のように説明されている。政権を獲得した場合に実行可能な政策に限るということ。この点で、政権獲得の見込みのない小政党の場合は、マニフェストを掲げる意義が小さいとする立場もある。漠然とした理念の提示などではなく、数値目標や「工程表」を示すことで、実現可能性を明らかにし、有権者に対して説明責任を有するものとすること。

また、マニフェストは党に所属する個々の立候補者の約束ではなく、あくまで党としてのものであり、その結果党のマニフェストが個々の政治家を拘束する度合いが高まる。それゆえマニフェスト導入によって、政党組織の点でみれば、党執行部に権力が集中することが想定されていた。マニフェストは政権を獲得しようとする党が、（党外的には）有権者に対してなす約束であるとともに、（党内的には）党員を党の政策につなぎ止め結束を強めるという両面を備え、これらを結びつける位置にあると考えられていた。

そしてマニフェストは、二〇〇九年の選挙や民主党新政権のスローガンであった「政治主導」にとって不可欠であると考えられた。マニフェストを実行することは、有権者の意志を実現することであるとされ、これまでの官僚や業界の支配を打破するためにも、マニフェストの正当性が主張されることになった。また政治学者やメディアの多くは、マニフェストが有権者との約束である以上、原則変更不可であるとし、官僚や野党などの妨害を排して、マニフェストに書かれたことをそのとおり粛々と実行に移すことが民主主義だというように（少なくとも政権交代当初は）主張していた。

†マニフェスト政治が混乱をもたらした

マニフェストを中心とした政治（「マニフェスト政治」）は、当初非常に筋が通っているかのように見えたため、この正当性に反論するのは困難だった。しかし実際にやってみると、「マニフェスト政治」は政策の円滑な実現を促すどころか、これ自体が政治の混乱の原因になっていった。

民主党のマニフェストは「子ども手当」「農業の戸別所得補償制度」「公立高校授業料無償化」「高速道路無料化」など、ものによっては兆単位の巨額の財政手当が必要なもので占められていた。これらの支出は自民党政権の無駄や隠し金（いわゆる埋蔵金）を洗い出すことで捻出できると説明されていたが、実際にそれが不可能なことが判明するまで、さほど時間はかからなかった。しかも、金融危機後の企業業績の悪化のため、税収が大きく減少することが明らかになり、このままマニフェストを実行することはますます不可能となった。

並行して「事業仕分け」が行なわれていたが、ここで無駄を削ろうとすれば、民主党のマニフェストの方こそ税金の無駄遣いと言われかねなかった。民主党は財政困難のなかで、マニフェストで掲げられた政策のあいだに優先順位をつけることも、説得的に行なうことができなかった。そして何より、当初からマニフェストの個々の政策については、「子ども手当」をはじめとして、かならずしも支持されていたとは言えず、何のためにマニフェストを強行しなければならないのかが、疑わしくなってしまっていた。

政治の環境は刻々と移りゆくものであり、政策には柔軟性が必要であって、マニフェストのような形で固定化されることを危惧する意見は当初からあった。実現が困難になると、「初志貫徹」か「柔軟対応」かの選択をメディアは問うた。しかし、そもそも貫徹する価値のあるマニフェストであったのかは疑問である。マニフェストを作成する過程で、民主党内で必要な熟議が行なわれていなかったことが、そういう結果をもたらしたと推測される。

鳩山内閣から菅内閣へと首相が交代するなかで、民主党自身のなかにもマニフェストの実行可能性や正当性を疑問視する声が出始めていた。菅直人が突然マニフェストとは矛盾する増税の必要性を示唆したことは、そういう疑いを公然化するものだった。しかし、党執行部は、マニフェストを根本的に見直すことを怠り、財政難などの言い訳に終始した。

これに対して、党権力から排除された小沢および鳩山の側は、マニフェストの堅持をスローガンとして党執行部と対立した。こちらの側も改めてマニフェストの内容を検討することなく、むしろ党内の権力闘争の手段として、マニフェストを有権者のお墨付きとして利用したという性格が強い(その証拠に、小沢は政権当初の党幹事長時代に、自らマニフェストの実質的修正をしたことがある)。

こうして、マニフェストの内容だけでなく、「マニフェスト政治」そのものが政治的混乱の原因となっていった。一方ではいつまでも欠点だらけのマニフェストにこだわっているのは無意味だとする非難が、他方ではマニフェストを守らないのは有権者に対する裏切りだという非難が、民主党に対してなされることになった。この双方の批判は、方向が全く反対だが、いずれも政権に対する不満として働いた。メディアや世論も、民主党政権を非難するなかで、「約束破りは許せない」と「早く引っ込めろ」の両極のあいだを定見なくさまようことになった。政治を論じる座標軸が、「マニフェスト政治」のもたらす混乱のなかで、失われていったのである。

†マニフェスト政治の何が問題だったのか

いったいこの混乱の原因はどこにあるのか。「マニフェスト政治」の運用がまずかったのか、それとも「マニフェスト政治」そのものに欠陥があったのだろうか。

まずマニフェストで有権者と約束できることにはそもそも限界が存在する、という問題がある。わかりやすいケースは、沖縄基地移転問題のような外交が絡む領域であり、アメリカ政府との交渉抜きで決められない問題に対して、選挙民と約束するのは軽率であった。約束できることはせいぜい、沖縄県民のためにアメリカ政府と誠意をもって交渉する、ということであろう（しかも、そのような誠意も持ち合わせていないことが鳩山政権の態度で明らかになってしまった）。

つぎに、大多数の有権者とは異なり、特定の地域の人々にとってだけ死活問題となるような事柄に関するマニフェストの問題である。これには八ッ場ダムをはじめとしたダム建設の中止を約束したケースが当てはまる。結果として建設中止が望ましいかどうかは別として、問題なのは決定の手続きである。民主党は当初、地元との協議をせずに「マニフェストに書いたことだから」という理由で中止を一方的に決定しようとした。住み慣れた土地がダムの底に沈むことを喜ぶ人はいない。しかし地元はこれまで、長年にわたる協議の末に建設を受け入れてきた経緯をもつ。突然のダム建設中止は、逆にこれまでの努力はいったい何だったのか、という当惑を引き起こして当然である。

まだ政権交代の興奮が冷めていなかったこの頃、地元自治体に対して、一般有権者や一部メディアから「みんなで決めたことに反対するのは非民主的だ」とか「自民党の味方をするのか」「ダム利権に染まっている」などの非難が寄せられた。だが、この非難に見られるような民主主義の理解は間違っていると思う。

多数決が民主主義の手続きでありえるためには、いくつかの条件を満たす必要がある。このダムのケースのように、特定地域の住民だけに死活問題となるような決定においては、多数の賛成だけではその決定は正当性をもたない。ルソーが言うように、本来一般意志の表現としての法は、その対象も一般的でなければならない。そうでなければ、特定の人々だけに損害を与える法が、人民の意志の名で通ってしまうからである。日本国憲法が、特定の地域に対してだけ適用されるような国の法律を定める場合は、その地域の住民投票を要件として定めているのも同じ理由による。

驚くべきことだが、「マニフェスト政治」には、「多数者の専制」に対して少数者の利益を保護することへの制度的配慮が欠けていた。少数者の利益が権力と癒着した特権と同一視され、これを排除することが正当化されたという事情があるが、少数者の利益がつねに不当に擁護された特権というわけではない。たとえば少数民族にとって著しく不利になる政策が勝利した政党のマニフェストに含まれていた場合、これを実行するのが正義だということはできない。

八ッ場ダム問題で、地元が中止反対の意志表示をしたため、民主党はやむなく地元との協議をすることにしたが、当初地元はこれに応じなかった。当時の前原国交相が、マニフェストに書いてあることですでに決まったことだから、協議しても決定が変わることはありえない、と宣言したからである。「熟議」は議論の前と後で、意見が変わりうることを前提に行なわれるべきものであり、「マニフェスト政治」は熟議の可能性を制約する問題を含む（後述）。こうしてたいした進展のないままに、いつしか民主党の方針が土木事業を重視する方向に変わり、これまた議論もなされずダム建設が再開されることになった。このケースでも、何のためのマニフェストか明らかでないままに、地元は政治の迷走に振り回されることになった。

†強い政治指導者への白紙委任へ

マニフェストにも、もちろん効用がないというわけではないだろう。ひとつには有権者に何が論点であるかを明確化する機能を持っており、政治家や市民のあいだの熟議にも論点を提供する最低限の役割がある。もうひとつは選挙で選ばれた政党に、投票者の意志からあまりかけ離れたことをさせない、という制約としての意義である。しかし、この政権交代ではマニフェストに過大な意味を認めようとしたために、先ほど述べたようにポピュリズム的傾向を加速させ、混乱を深める原因となった。

マニフェストには、漠然とした理念や建前ではだめだということから、細かい数値目標や「工程表」が書き込まれた（[佐々木 二〇〇九]もこれを支持している）。このような工学的比喩は、皮肉なことに「コンクリートから人へ」の「人」よりも「コンクリート」を連想させる（こういう言語感覚に無頓着な点も、この政権の粗雑さを感じさせる）。政治は工学に解消されるものではなく、それとは別種の知識を要する、というのが政治思想の伝統的な主張であった。熟議や関係者の調整による修正の余地を残すような政治的配慮が当初からなされていれば、これほど簡単にマニフェストの内容が放棄されることはなかっただろう。

もっとも、「マニフェスト政治」は失敗や経験を重ねるうちに有権者も政党も学習して、あまりひどいもの（選挙目当てのバラマキを含め）が提示されることがなくなるという期待もある。ただし選挙のたびごとに、争点となる領域が、たとえば経済問題、外交、環境問題、福祉などというようにその都度変遷するから、かつての失敗が生かされるとは限らない。また、マニフェストにあまり極端な内容を盛り込めなくなるかわりに、どの党のマニフェストも当たり障りのない内容になり、あってもなくても大して変わりのないものになって、結局は政権交代のねらいとは逆に、コンセンサス政治に奉仕することになる可能性もある。

マニフェストには、与党となった政党に白紙委任するのではなく、選挙後も有権者の意志に拘束しようとするねらいもあった。本来、為政者の暴走を食い止める働きも期待されていたはずである。しかし、マニフェスト自体が暴走であった場合、事態は逆になる。暴走に対する制約としては、むしろマニフェスト通りにさせないことが必要だからである。

結局、マニフェスト政治が期待はずれだったために、思いも寄らない帰結を招いた。マニフェストへの不信から、強い政治指導者を選び、その人物に白紙委任することこそが、民意の反映であり真の民主主義である、というような考え方への飛躍が見られるようになった。大阪市長の橋下徹らは、マニフェストに本来官僚らが考えればよいような細かい内容や工程表、数値目標などを書き込むのはばかげていると批判した。この批判自体はたしかにそのとおりである。しかし、マニフェスト政治が信頼されなくなったあと、どのようにして指導者を制約すればよいのかについて、まともな答えは見出されていない。

3 権力について

†なぜ「強い政治的リーダーシップ」が望まれたのか

今度は「権力」そのものの問題について論じることにしよう。二〇〇九年の政権交代では、政治権力をどのように作り替えるか、ということも政策と並んで大きな焦点となり、「政治主導」を推進すべきことが強調された。このなかには、首相のリーダーシップの強化、党の中央集権化などが含まれており、これらは一九九〇年代の政権交代時にはすでに政治改革の目標として掲げられていたものだった。

しかし、鳩山、菅の民主党政権において、実際に生じたことはこれと反対だった。政権は目まぐるしく政策を変更するなどして迷走し、強いリーダーシップどころか首相官邸は空洞化して、権力の内部崩壊をもたらしかねない状況に至った。なぜ目論見と正反対のこんな結果になったのか。強いリーダーシップとは何であるのか、また強いリーダーシップは果たして望ましいことなのかどうかについて、根本的に再検討する必要に迫られている。

日常用語での一般的なイメージとして、「権力」はあまり良い印象を与えないことばであり、それは人を強制する力として、「自由」と対立的に用いられることが多い。もちろん「権力」はつねに悪いというわけではなく、民主主義の実行にとっても不可欠である。しかし、最近の政治をめぐる議論では、逆に強い政治権力こそが、現状の不満（景気低迷であれ官僚制の腐敗であれ）を打破することができ、「自由」への道を開くと論じられることが多くなった。それだけ状況への危機感や閉塞感が高まってきたからだと言える。

民主党の菅直人は、首相になる少し前に国会での発言のなかで、「議会制民主主義とは委任された期間のあいだで、ある意味で一定程度独裁的に政治を行なうこと」である旨のことを述べている。民主主義と独裁とを、限定付きながら等しく並べることは、前例がなかったわけではない。思想家で言えば、共産主義者のレーニンや、ナチスに近いところにいたカール・シュミットらによって語られていた考え方である。しかし両者が極左と極右に属する人物であることから判断できるように、このような考え方は少なくとも一般的ではなかった。政権交代において、このような考え方が浮上したのは、以下のような背景と理由によるものである。

長く続いた自民党支配は、一党優位から連想されるような独裁的性格を、基本的にはあまりもっていなかった。それは、六〇年の安保改定において独裁的手法を採ろうとした岸政権が、野党や国民の猛然とした反発を受けたことの反省によるものであった。また自民党が政治理念というよりは諸派閥の共存によって成り立っていたために、これを維持していくには独裁的な手法は望ましくなく、派閥などの均衡に配慮した調整的なリーダーシップが重宝されたことにも由来していた。それが変化してくるのは、長期不況によって日本が危機に至る一九九〇年代末であり、二〇〇〇年代になってからの小泉政権は、自民党では珍しい、独裁的とも言えるリーダーシップを発揮した。

こうして、自民党一党支配を批判する政治学者やメディアのあいだで、日本の政治において改革の障害になっているのは、政府が独裁的であることではなく、逆に独裁ができない構造になっていることだという認識が浸透していった。先駆的には、八〇年代に日本でベストセラーになったオランダのジャーナリスト、カレル・ヴァン・ウォルフレンが、日本を支配しているのは政治家の人格ではなく、非人格的な「システム」であり、このシステムのために日本では絶対的な権力者がいないのに誰も自由を享受していない、と説いた。そうであるならば、自由を手にするためには、強い政治権力によって、この「システム」を打破するしかない、という結論に達する（そしてウォルフレンは、小沢一郎の支持者になった）。

「システム」と呼ばれるような非人格的なもの（たとえば組織による無言の圧力といった）が支配していることの問題性は、戦後丸山眞男のような政治学者が指摘した「無責任の体系」につながるものである。そのような問題が現在も存在しているのはそのとおりである。だが、「強い」政治的リーダーシップならば、それを突破することができるかどうかは、検証されているわけではない。またリーダーシップが「強い」とは「独裁的」ということを意味するのだろうか。このような根本的なことについての検討は、あまりなされてはいない。

†「官僚支配の排除」と「党内権力の一元化」

強い政治的リーダーシップのために目指されたことのひとつは、「政治主導」である。「政治主導」によって、省庁ごとの縦割りの官僚支配を排除し、国家戦略を確立することであり、もうひとつはそのためにも、党内権力を執行部に一元化することであった。鳩山内閣成立時に、「国家戦略局」(さしあたりは「戦略室」)の設置、与党から各省庁への副大臣ほか多数の政務官の送り込み、長く続いた事務次官会議の廃止、などの改革がつぎつぎと行なわれ、国会における事務官僚の答弁を廃止するなどのことも考えられた。衆議院の圧倒的多数の議席にも支えられて、内閣による政治主導は、順調に進行するように思われた。

民主党内では、総選挙勝利の立役者でもある小沢一郎幹事長への権力の集中が顕著だった。政治改革によって党幹事長の権限は強化されており、小選挙区制においてますます決定的になった党による候補者の公認権や、政党助成金の分配にかかわる権限を幹事長ら執行部が独占した。そして小沢は、これまで個々の政治家を通して行なわれていた地方からの陳情を変え、幹事長を通すルートに一本化しようとした。

鳩山政権成立当初にあっては、「権力」と「政策」の分業がなされているように見えた。小沢が首相をしのぐ最高実力者であることは誰の眼にも明らかだったが、彼は党内および党外に対する「権力」基盤の維持、拡張に専念し、「政策」の面にはなるべく介入せず、首相をはじめ政府入りした政治家に任せているようだった。「政策」についてはマニフェストによって党の方針が明らかだということで、小沢は民主党内で政策について議論をすることに消極的だった(党政策調査会の廃止など)。「一年生議員」ほか若手議員の多くは、政策について論じることは期待されず、「事業仕分け」に参加することも認められず、もっぱら採決における数としてしか期待されていないように思われた。小沢はこのように党内を徹底して一元的に管理しようとし、党員からは自由がないという不満も聞こえるようになった。

しかし、小沢幹事長が「政策」問題に全く介入しなかったわけではない。鳩山内閣が政策の実行をめぐってブレはじめると、小沢は「党の声は国民の声である」として鳩山内閣にマニフェストの修正を含め自らの意見に従うよう要請した。小沢は、選挙で有権者によって支持された党は政府に対して優越すると考えていたように思われる。こうして小沢の権力と政策についての見方は一貫性を欠くものとなり、小沢の幹事長辞任後も不透明なままに残されることになった。

†政府と政党の関係

民主党政権における権力の構成についての問題点を、ひとつは政府(国家)と党の問題、もうひとつは党内権力の問題に分けて、検討してみたい。

政党が民主主義にとって不可欠の組織だと考えられるようになったのは、民主主義の歴史では近代も比較的あとになってからのことである。日本国憲法も政党についての規定を置いていない。たとえばルソーなどにあっては、政党の存在は政治社会を分裂に導くものとして否定されていた。イギリスの議会政においては、かなり古くからトーリーとウィッグの政権交代が事実上慣行として認められるようになっていたが、民主主義思想における政党の位置というものは、意外にも不安定なのである。部分(part)にすぎない政党(party)が、どうやって全体(政府)となりうるのかは、政治理論的にひとつの難問でもあった。

政治における党の重みが一挙に増したのは二〇世紀になってからである。それまで議員のあいだの緩やかな結合関係にすぎなかった政党が、普通選挙の導入によって大衆的に票を集める必要から、綱領や規律をもった近代的な政党へと変化していった。なかでも、党と国家との関係が最も先鋭な問題となったのは、共産主義とファシズムという、ふたつの反自由民主主義的体制においてだった。

自民党支配のもとでは自民党と政府とは事実上つながっていながら両者の使い分けが巧妙になされていたのに対して、民主党政権では党と政府とを一体化し、党が政府を包摂することが模索された。たとえば、党から多数の政務官が政府に出され、与党の国会での代表質問を廃止するということも検討された。こうした党と政府の一体化は、行政府と立法府とが相互に独立的な大統領制ではおそらく不可能であるのに対して、議院内閣制ではこのような形で党の主導性を強めることが可能である。

さらにあくまで外形的に見たかぎりだが、こうした党による政府（国家）の包摂という点では、何か共産主義体制に近いものを感じさせる（ソ連の実質的な最高指導者は、国家の官職に就く者ではなく、長く共産党の書記長であった）。またナチスでも、窮まるところのない運動体としての党が、国家組織よりも優位にあった。

民主党がそのような全体主義を企てたというのではない。類似しているのは、あくまで形式に限ったことである。しかし、このように党が国家を呑み込んでいくにつれて、何か国家が溶融していくような不安を与えたことが考えられる。このことは「国家とは何か」という大問題と関係している。いかなる場合でも国家が社会諸勢力に対して厳密に中立だということはありえないのだが、それでも国家は社会の諸勢力に対して一定の自律性をもって作用する、客観性を持った法秩序であると考えられている（「国家とはブルジョワ階級の支配の道具」だと言っていたマルクス主義者でさえ、ネオマルクス主義のように次第に国家の「相対的自律性」を承認するようになる）。

皮肉なことに、国家の私物化めいたことはむしろ自民党の族議員の支配に対してかねてから言われており、それを否定しようとしたのが民主党の立場だった。しかし、族議員が国家の公的性格を前提としてそれに寄生するような存在にとどまるのに対して、民主党の場合は、あたかも政府ないし国家がまるごと、党幹部によって私物化されてしまうかのような印象を与えかねなかった。たとえば、先に検討した高速道路無料化政策や、また菅内閣時の経済政策のように、指導者と個人的に親しい民間シンクタンクや大学人の私的な意見が、大した検討もなくそのまま政府の政策になるというようなことが生じた。また小沢は幹事長時代、中国の副主席を慣例に反して強引に天皇と会見させ、それへの批判に対しては民意によって選ばれた自分たちは「政治主導」にもとづいて何でもできると応じた。

民主党は官僚制支配を批判して官による公共性独占を否定しようとしたが、結局それに代わるものとしての市民諸団体に担われた公共（いわゆる「新しい公共」）を作り上げることにはあまり成功せず、逆に政府ないし国家が最低限必要とする公共的な部分を私物化する危険にさらすようなことになってしまった。

ある意味では幸いと言うべきか、このような党による国家支配の方策は見るべき成果を挙げないうちに挫折する。そうなった理由は明らかである。これまでより増員されたとはいえ、限られた数の副大臣や政務官を党から政府に送り込めば政治主導が実現するかと言えば、それは無理な話だった。党の政治家たちはそれぞれの省庁での知識や経験において到底官僚たちに及ばず、また限られた人数で各省庁の実務全般に携わろうとすれば膨大な仕事量の前に茫然とするほかなかった。こうして当初の政治主導の構想は後退し、自民党時代とあまり変わらないような、官僚中心の政策立案へと戻っていくことになった。

菅内閣以後の民主党政権は、メディアなどから「官僚の言いなり」と揶揄《やゆ》されて評判を落とすことになった。しかし、政権交代時の党による政治主導の構想に無理があったことは明らかであり、その放棄を裏切りと非難しても仕方がないものである。このように与党と政府の関係をどのように考えればよいのかは難問である。そしてその困難は、部分でしかない政党がいかにして全体でもありうるのか、という根本問題につながっているように思われる。

†党内権力の問題

もうひとつは党内権力の問題である。政権交代を支えた政治学の発想では、政治主導とは決して個々の政治家が勝手に主導することであってはならず（そうしたあり方は族議員の支配として批判の対象とされた）、あくまで内閣主導でなければならないとされた。議院内閣制にあっては内閣の長はたいてい党幹部でもあるので、政治主導のためには当然党執行部への権力集中が必要とされる。内閣主導と党中央への権力集中は同じことの両面だと考えられた。こうして民主党政権誕生時には、民主党内では小沢一郎幹事長の支配力が著しく高まることとなった。

地滑り的勝利がもたらす困ったことのひとつは、新人議員の割合が急激に増大し、その質の維持がむずかしくなることである。実際、小沢は幹事長時代、新人議員たちの能力をあまり信頼しなかったようであり、新人議員の行動を監視したり、当時は注目された事業仕分けの要員からもはずしたりするようなことをした。このような処遇は、民主党内で政策論議が一時禁止されたことと相俟って、採決時の数として以外にはほとんど期待されていないように見える新人議員たちの士気を著しく低下させ、また小沢に対する党内の反発を強める要因ともなった。

政治思想的に見ると、民主党内のこのような状況は、二〇世紀前半の政治社会学者ロベルト・ミヘルスの「寡頭制の鉄則」の概念を想起させる。ウェーバーの弟子でもあったミヘルスは、民主化が進行し普通選挙が実施されて社会主義政党が躍進すると、党内では官僚化が進み、党幹部に権力が集中して、平党員の力が減少していくと説いた。このように政治体制の民主化が、逆に党内では寡頭制化、反民主化の傾向を深めるとミヘルスは考えた。彼は社会民主主義政党の将来に失望し、直接参加のサンディカリズムを経て、ファシズムに期待を見出すようになった。

一方レーニンの組織論では、「民主集中制」が説かれ、より強力な「鉄の規律」への服従と前衛への権力集中が求められていた。こうした集中性は、社会主義政党や共産党などの、共通の世界観で団結した「イデオロギー政党」の特徴とされることが多いが、日本の場合とくに自民党には前近代的と見られるような派閥の割拠が目立っていたため、政党の近代化のために党規律と中央集権の強化が政治改革の過程で要請されてきたという経緯がある。

しかし日本共産党のような小政党の場合はともかくとして、民主党などの場合このような集中制がうまくいくかどうかは疑問である。労働組合系から市民運動家、新自由主義に近い松下政経塾出身者まで、さまざまな経緯で集合した民主党は、長らく党綱領も持たなかったのに、「マニフェスト」への忠誠ということで党への忠誠を集められるかどうかは疑わしい状態だった。

鳩山内閣の退陣と菅政権成立後、小沢が「一兵卒」に後退することで党内の融和が進むかといえば、そのようにはならなかった。菅による小沢の執拗な排除は、一時的に世論の支持を得ることはあっても、党内反対派が小沢のもとに集まることで、党内対立はかえって激しくなった。また菅の突然の増税案などは、明らかにマニフェストからの逸脱であるとして、反対派に執行部批判の正当化根拠を与えた。

一方、菅は「議会制民主主義は期間限定の一種の独裁」であると説き、党内だけでなく官僚に対しても自らの優位性を主張した。このような独裁志向という点では、菅はむしろ小沢と似た点があった。しかしその実質は伴わず、官僚排除どころか結局は政策立案を官僚に依存することになり、また党分裂の傾向がしだいに強まっていった。

菅は大震災後原発事故への対応に追われて激しく疲弊し、またその苛立ちやすい性格も災いして、孤立を深めていった。部下は菅を信用しなくなり、重要な情報は首相へと上げられなくなった。そのことが菅の怒りを拡大させるとともに、官邸の統治能力を失墜させた。菅内閣末期には党内反対派だけでなく、党執行部さえもが首相と不和になり、なんとか菅を引きずり降ろそうとする異常事態となった。野党との対決よりもむしろ党内での争いこそ主要な関心事となり、ついには「あさま山荘内閣」とか「学級崩壊」だとか揶揄されるような事態に至って、民主党の統治能力の崩壊が明らかとなってしまった。

政治改革のなかで政権交代が構想されていたときには、内閣主導と党主導とは、政治主導のもとで一体的と考えられていた(もっとも、一時主張されていた首相公選論は、党に期待せず首相主導を説いていたが)。日本の議院内閣制においては、内閣総理大臣は自由に閣僚を任命も罷免もできるので、内閣主導ということは要するに首相主導ということになる。しかし、菅内閣で生じた事態では、内閣(首相)主導と党主導のあいだに亀裂が入り、政治主導を危うくすることになった。こうした事態は、政権交代時には想定されてはいなかった。

†独裁化とバラバラ化

こうして民主党においては、独裁化とバラバラ化という相反する傾向が悪循環し、その振幅を拡大していくことになる。なぜ党権力の集中化が必要とされたかといえば、民主党は考え方も異なる諸グループの寄り合い世帯だということが危惧されたからだった。しかし、そのために小沢の権力が党内独裁の傾向を帯びると、今度は党内に不満が高まりバラバラ化の方向が強まった。それを避けようとして小沢を要職から追放すれば、小沢とその一派が党内野党のようになって、分裂傾向が強まり、ついに小沢らは党を出ることになる。

こうした党内の権力関係のまずさは、政策に関する首尾一貫性の欠如によって、さらに救いのないものになっていった。小沢の政策上の考え方に首尾一貫性があったのかどうかは、不明なことが多い。小沢はかつては小さな政府、新自由主義の考え方に近かったが、自民党小泉政権がこのような政策を先に実行したことに加え、二〇〇九年時点では金融恐慌のために新自由主義が支持を失ったこともあって、社会民主主義的な政策に傾斜したように見えた。しかし、こうした政策の揺れは当人から説得的に説明されず、その都度権力掌握（「政局」）のために政策が手段にされているにすぎないのではないか、という疑問を引き起こしてきた。

大震災後、政治に大きな期待がかかるなかでとくに有効な政策を打ち出す動きを見せなかったことに加え、裁判での無罪判決を受けたあと迎えた二〇一二年の総選挙では、嘉田由紀子滋賀県知事の率いる「日本未来の党」と合体して、反原発の姿勢を貫くかと思われたが、結局この党を乗っ取り嘉田側の政治家を追放する挙に出て、これらの政策に期待する人々を大いに失望させることになった。政策が権力獲得のための単なる手段としかみられなくなれば、人々の政治に対する失望やシニシズムが進行するのは当然であり、そのことによって支持を失った小沢は、権力をも喪失するという結果になってしまった。

政権交代前後、政治学者たちによって主張されていた政治主導論において、小沢の政治的力量への期待は大きかった。しかし小沢のリーダーシップは、「裏」の政界再編や選挙戦略で発揮されても、公開の言論や熟議の場では発揮されることが乏しかった。たしかに小沢は「強いリーダーシップ」の持ち主であると認識されていたが、自らの意見をことばで表現することが不得意なタイプの政治家であり、政治主導を唱道した政治学者たちが念頭においていたような（たとえば二〇世紀はじめのドイツでマックス・ウェーバーが要請した）「雄弁な」議会政治家のイメージからは隔たっていた。

日本政治の対米従属をはじめとする因習を打破できるのは小沢しかない、などとする期待が長く寄せられたが、小沢はそのような政策を説得的にことばにする方策を持ちえていなかった。政策に結びつけられない権力は空疎化するしかなく、そこからは権力の自己崩壊が結果するほかなかったのである。

第7章　民主主義とは何か——政治の多様な側面

†政治とはいかなる営みであり、人間にとってどんな意味をもつか

以上、政策と権力の両面から、二〇〇九年の政権交代とその後の日本の民主主義がたどった問題点を検討してきた。政権交代とは何だったのか、それが失望に至ったのはなぜなのか、という問いからさかのぼっていくと、民主主義とは何かを根本的に問い直すことが求められるようになる。民主主義とは選挙で選ばれた政治家や党が民意を代表しているのだから、何をしてもよいのだろうか。政権交代の構想では「強いリーダーシップ」にもとづく速やかな決定が重視されていたが、これは時間をかけた討論や少数者の発言権といった民主主義にとって重要とされてきた価値と、どういう関係にあると考えるべきなのか。こういった問いを政治理論（政治思想）的な観点から考え直そうとするのが本章の目的で

ある。

民主主義は政治のひとつの形態だから、これらの問いは、そもそも政治とは人間のいかなる性格の営みであり、人間の生にとってどのような意味をもつか、というところまでつながっていくことになる。政治思想史学では、こういった政治を成り立たせる本質のようなものを〈政治的なもの〉と呼びならわしてきた。〈政治的なもの〉は「政治」を支えるうえでどうしても必要な要素であるのだが、しばしば現実の「政治」（それは腐敗であったり醜い権力闘争であったりする）によって覆い隠されている。政治思想史学は〈政治的なもの〉を取りだすことによって、「政治」に対する批判やあるべき方向づけをなすことを自らの課題としてきたのである。

ところが〈政治的なもの〉を何に見出すかが論者によって大きく異なり、さらにそれらが互いにしばしば相容れないことが、問題を困難にしてきた。シュミットのような論者は「友」と「敵」との区別に〈政治的なもの〉を見出すのに対して、討論や説得、政治社会内部の多様性に〈政治的なもの〉の可能性を求める議論も存在する。ここでは、〈政治的なもの〉の多義性を前提として、それらの要素を①決定（決断）、②熟議、③調整（交渉、妥協）、④統治の合理性、⑤公と私の区別と融合、⑥参加と抵抗、に整理し、それぞれの点から今日の民主主義の問題を考えてみることにしたい。

1 決定（決断）decision

†日本の政治は決められない？

戦後日本の政治学において、日本の政治に最も欠けるものとして取り上げられてきたのが、この決定（決断）という要素である。日本の政治は決断できない、という批判は、政権交代前も現在も繰り返し口にされているが、それは今に始まったわけではない。日本政治の根本的な欠陥として、戦後政治学の創設者である丸山眞男をはじめとする多くの論者によって説かれてきた事柄だった。

丸山は日本の軍国主義指導者を批判するなかで、指導者たちが悪の決断をなしたのではなく、逆に決断できなかったために、体制の軍事化と開戦を既成事実としてずるずると受け入れることになったと論じた（丸山 一九四九）。問題は政治の過剰ではなく、むしろ政治の過小、言いかえれば政治が官僚制に置き換えられることからくる政治責任の不在にあると考えられたのである。丸山によれば日本の指導者たちの決断と責任の欠如は、自覚的に悪を決断したナチス指導者とは対極にあるとされた。彼に従えば、民主主義は決断を必要とする点で、皮肉なことにナチスに似た面があるということになる。

戦後日本の保守政党（自民党）も、派閥の結合でできた経緯もあって調整的なリーダーシップを基調とし、指導者の決断を制約していると考えられた。こうして「決断できない日本の政治」という批判が、とくに不況下で自民党政治への不満が高まった一九九〇年代以後、繰り返し語られるようになる。

世界的にも、政治において決定や決断の契機を重視する考え方が、近年強まりつつある。このような潮流は、一九九一年の湾岸戦争に始まるアメリカの動向と関係があるが、決定的になったのは二〇〇一年の9・11テロと、それに対するアメリカの報復であった。湾岸戦争時には、アメリカの立場が強力であったとはいえ、なお諸国の同意に基づく「多国籍軍」が形成されたのに対して、対テロ戦争およびそれに引き続く対イラク戦争にあっては、合意を形成することよりもアメリカの「単独行動主義（unilateralism）」が優先された。

シュミットの友と敵の政治理論は、湾岸戦争時にはアメリカの普遍主義合意を装う傲慢を批判する「ヨーロッパ」的な国際秩序論として用いられた。しかし、9・11テロ後はむしろ、合意に固執する旧いヨーロッパに対して、アメリカの一方的な決断を正当化する文脈で利用されるようになった。それに加え、自然の大災害、感染症、経済破綻その他の危機への不安がいっそう高まり、合理的解決が見えない状況のなかで、政治権力の決断を求める議論の比重が増していった。

二〇〇九年の日本の政権交代も金融危機を背景として成立したことから、政治には社会を救う「決断」が求められた。民主党の圧倒的多数の議席数と当初の高い内閣支持率は、このような決断の政治を実行するうえで有利な条件であるように思われた。しかし、このような条件を生かせないままに政権は崩壊し、「決断」の政治そのものの是非は検討されることなく、フラストレーションだけが残る結果となった。そして再度の政権交代後、圧勝した自民党がねらっているのは改憲に向けた「決断」であり、当初の思惑は予想外の展開となった。

†決断の恣意性と正当性

決断の契機はたしかに政治になくてはならないものであろう。シュミットも指摘するように、政治は一般的なルール（法）を個別の事例へ「適用」することに尽きるものではないし、また不測の事態は絶えず生じるからである。ここに政治指導者に決断の自由と責任が求められる理由がある。しかし、ここには決定が「自由に」行なわれながら、それが恣意的にならないためにはどうすればよいかという難問が存在する。

政治指導者がその法的権限としてできることと、実際にしてよいかどうかということのあいだには、常に懸隔が存在する。日本の内閣総理大臣は、法的根拠からすればたいていのことは決断可能であるが、だからといって何をしてもよいというわけではなく、愚かな決断は信頼を失う原因となる。決断の正当性には、決断主体の法的根拠だけではなく、政治的思慮もまた求められるというべきである。そして政治的思慮は、統治の合理性についての知を背景とするものであるが、民主党政権においては、こうした統治の合理性が喪われていき、どうやって統治するかわからない状況のもとで、決定（決断）の必要性だけが空回りして主張されるようになった。

民主党のリーダーたちのしたことは、決断（場合によっては独裁）の名のもとで、政治の恣意性を印象づけたにすぎなかった。その結果、強いリーダーシップを創造するどころか、リーダーシップの根拠が掘り崩され、政権交代時とは逆に民主党は決断できない政党というイメージが定着するようになった。しかし問題は、民主党への評価が下がっただけで、「決断」する政治の問題性はほとんど問われていないことにある。

2 熟議 deliberation

†熟議民主主義論――決定にいたる討議プロセス自体の価値

民主主義において、何を決定するかということとは別に、決定へと至る熟議（討議）のプロセス自体に価値を見出そうとする考え方がある。こうした考え方は、今に始まったというわけではなく、旧くはイギリス議会政の特徴を擁護する議論のなかで、しばしば言及されてきた経緯がある。なぜ熟議が重要であるかというと、単純に多数が真理を把握していると信じる理由はなく、さまざまな意見を争わせるなかで、より優れた判断が形成されてくること、そして討議プロセスとその公開自体が人々の関心を政治に向けさせ、良き市民をつくる政治教育のために不可欠だということが挙げられてきた（たとえばJ・S・ミル）。

民主主義はしばしば決定に時間がかかることが欠点とされてきたが、この立場からはむしろ慎重に時間をかけることが、より良い決定に至るための美点だとされる。こうした立場からする民主主義観は、民主主義を多数の支配や人民の意志の統一性に基礎づけようとする、もう一方の民主主義観とは、鋭いコントラストを描き出してきた。

このような考え方は近年、政治理論・政治思想の領域において、「熟議民主主義 deliberative democracy」論として、再び脚光を浴びている。熟議が注目されるのにはいくつかの現代的理由がある。政治がこれまでになく市民の多様な対立する信念（世界観や宗教）に直面するケースが増大したこと（一例として死刑や臓器移植の是非）、熟議を経ない決定の危うさ（絶えず流動する世論調査結果などにもとづく「集計民主主義」への疑問）、そして民主主義のポピュリズム化への警戒などが挙げられよう。こうしたことを背景として、今日学問的には熟議にまじめな関心が集められている。

†熟議の過剰か、欠如か？

さて、二〇〇九年の政権交代においても、熟議は民主党の「タウンミーティング」案や地方政治への市民参加を促す取り組みのなかで、しばしば言及されてきた。民主党は、これらを「官」の意味での公共とは異なる、「民」の活動に支えられた「新しい公共」だと位置づけていた（別項で後述）。こうした活動に、市民と行政の間、また市民相互間の討議が含まれていたことは当然であった。

「新しい公共」で言われている考え方は決して新しいものではない。たとえばユルゲン・ハーバーマスが一九六〇年代の有名な著作『公共性の構造転換』で論じているように、一八世紀フランスで、本来は貴族の私的なサロンで行なわれた会話から出てきた世論が公的な性格をもって絶対権力を制約し、また市民革命時にはコーヒーハウスでのふつうの人々による討論が民主主義を求める運動を担った。このような歴史上のケースはいくらでもある。しかし、それがとくに新しくはないことを別にすれば、このような主張はそれはそれで意義があるといえる。

しかし、政権交代後の民主党政権のもとで、このような熟議の契機が生かされたとは、残念ながら言うことができない。むしろ逆の事態が一般的になった。先にも触れたように、当初の鳩山政権においてすでに、小沢幹事長は、有力議員を政府に送り込むかわりに、民主党内での政策論議を制約し、そのことが政策形成に関われない一般議員たちの不満を買った。菅総理時代は、逆に小沢と彼を支持する人々が、政策をめぐる議論から遠ざけられた。当初目論まれた執行部の中央集権が形骸化し、党がバラバラになっていくなかで、個々の党政治家による一方的な意見の表明は数多くあった。しかし、これらはまじめな討議の材料とされることはなく、民主党内で熟議が可能になるような場は著しく乏しかった。

それゆえ、一部で言われているような、民主党政権は熟議が過剰であったために決定(決断)ができなかったという反省は当たっていない。むしろ熟議にもとづかない気まぐれな思いつきによる「決断」が、この党の決定の意味をないがしろにしてきたのである。

それはたんに民主党の政治家がまずかった、というだけではない。政権交代を導いた考え方のなかに、より原理的な問題が存在するが、それが十分に気付かれなかったのである。

†原理的な問題――「政治の権力性」と「マニフェスト政治」

ひとつは、熟議が政治の権力的あるいは戦略的な側面と果たして両立するのか、という根本的な問題である。一般に政治は、抗争する他の政治主体（より強く言えば「敵」）に勝つことを目的とする。それに対して熟議が求めるのは、より良い結論に到達することであり、そのためには相手の意見が自分のものよりも優れていると納得するならば、相手の意見を取り入れることを辞さないこと、そしてそのために誠実に相手の意見を聞き、討論することが求められる。

ハーバーマスの行為の区別によれば、熟議は「コミュニケーション的行為」であるのに対して、対立者に勝つための多くの政治的行為は「戦略的行為」として対照される。二〇〇九年の政権交代において、小沢一郎に代表されるような、選挙戦術や他党の切り崩し、自党内部での異論の封殺といったことは、いずれも典型的に戦略的な行為であり、ここに熟議の要素を取り込むことは原理的に困難とも言えたのである。

もうひとつはより特殊な「マニフェスト政治」に関するものである。議会で議員が自由に討論することができるかどうか、あるいはそれが望ましいかどうか、というのは、政治思想史的にみれば自明のことではない。近代革命当初にあっては、議員がその選出母体の身分的・団体的制約から自由であるために、選挙民による議員への拘束をいっさい取り除こうとした。議員の選挙民からの「自由」が、近代的な代表制の本来の意味だったといえる。これは院外からの圧力、とくに低い身分や地位にある一般民衆の影響力を取り除こうとするという意味で「非民主的」な面をもった考え方でもあった。

一方、一八四八年のフランス二月革命などでは、代表者を選挙民の意志に従わせ自由に行動させない「強制委任（命令委任）」が民主主義にとって必要であると説かれた。今でも選挙によって選ばれた代表者が、選挙時において有権者に対して行なった約束（公約）に非公式ながら縛られることが「民主的」とされる傾向がある。マニフェスト政治は、この約束を制度化してより強めようとするものだった。

ここには、代表者（議員）が選挙民の意志から離れていくことを制約し、それを議院外の有権者の意志のもとに置こうとする、それはそれで理解できる民主主義のひとつの考え方が示されている。ただし、そのことが議会内の自由な討論を妨げる面があることも把握しておかなければならなかったはずである。選挙民の意志を重視することと、議会での自由な討論を保障することのあいだには、緊張関係が存在する。

これまで日本の国会では、しばしば政党を超えた議員による立法が行なわれてきた（たとえば、がん対策基本法）が、政権交代後の政治では、小沢が一時はこの議員立法も廃止しようとしたことがあった。こうした考え方が議会の活力を奪ったという面は否定できない。議会が単に決定だけをする場とされるならば、与党は数にものを言わせて採決を求めるのみで、野党にとってみれば、与党のマニフェストが硬直化していても、協力してこれをより良いものにしようという動機は働かない。

その結果、民主党政権のもとでは、敵と味方に分かれて罵り合う光景が、与党と野党のあいだのみならず、与党内においてさえ繰り返されるという事態になっていった。また、マニフェストを中心とした政治が、勝利した政党（与党）に、ただ「工程表」に従って「マニフェストを粛々と実行する」ことだけを求めるのだとすれば、議会を超えた市民間の熟議や参加は、不可欠のものではなくなってしまうだろう。

3 調整（交渉、妥協）

決断の要素と熟議の要素とが政権交代時に共に持ち出されながら、この両者のあいだに緊張関係があることがなぜか理解されなかった。そうなったことには、おそらく歴史的な理由がある。自民党長期政権においては、熟議も決断も、いずれもがさほど必要とはされなかった。自民党の政治は派閥間の調整に基礎を置く「調整的リーダーシップ」が基本だと一般に考えられており、それを超えた強い内閣のリーダーシップは小泉政権を例外として避けられてきた。

もちろん実際には戦後政治の節目ごとに「決断」が行なわれていたのだが（たとえば沖縄返還や核持込みへの対処など）、安保闘争の教訓から、一見決断とは見えないように決断をすることが自民党政治の技法としてあった。また冷戦構図のもとでは、討論の契機を重視すればイデオロギー対立の顕在化をもたらしやすく、保守政治の立場からは不毛として映っただろう。イデオロギーはあまり表に出さず、官僚や政治家が利益調整に努める政治が、高度経済成長期以来、日本政治では選択されてきた。

先にも述べたとおり、こうした前提が通用しなくなって、一方で強いリーダーシップにもとづく「決断」が、他方で（イデオロギーではなく）市民の多様な価値観に動機づけられ新しい政治参加に結びついた「熟議」が、共に要請されることになった。この両者は旧態依然とした自民党政治への代わりとして、一緒に現れた。その結果、「熟議」の必要性を説く立場の論者が、利益調整の政治を否定しようとして、もともと自らと相容れるか疑わしい「決断」の政治を不用意に支持してしまう、ということがありえたのである。

戦後日本の政治の文脈では、調整（交渉、妥協）の政治は、旧態依然としたものに見えるが、もちろん歴史的にはつねにそうだったわけではなく、たとえばイギリス議会政の伝統では、妥協は政治の重要なアート（技法）とされることが多かった。それゆえ、利益の調整や妥協そのものが悪だというのではなく、日本の政治で問題なのは、特定の主体だけがそれに関与していて調整のしかたが不透明で不公正だったことにあると言うべきであろう。

民主党政権が八ッ場ダム建設中止について当初「マニフェストに中止と書いてある以上、中止は当然」とした立場は、地元との熟議の意義を否定するものだった。結論が変わりようがないなら熟議の意味はないからである。それと同時に、地元利益との調整も欠いていた。調整が不在だった結果、混乱と地元の不信を生みだし、結局このマニフェスト内容自体が放棄されるに至った。

また、民主党政権が行なった「事業仕分け」は、民意を代表するとされる「仕分け人」たちが、官僚を「被告席」に着けてその無駄を追及するという筋書きで当初は人気を得たが、科学技術や芸術・スポーツ関連あるいは男女共同参画関係の予算が減らされることに対して各所からの不満が高まった。

官僚制では、官僚的なゆがみが伴っているとしても、社会の多様な利害が一応は表現され調整されている。民意を名乗って官僚を攻撃するポーズを作れば、一つの「民意」が生まれるかのように見えるが、じつはそんなものはない。有権者はそれぞれの対立する利害によって分かたれている。新たな調整の仕組みを作らないのであれば、「政治主導」の名でなされる決定は恣意的なものとなって、諸々の集団に不公平感をもたらすことになろう。

4 統治および統治性

†「新自由主義」的統治の登場

政治の重要な機能のひとつは統治することにあるのだから、統治（ガヴァナンス）や統治性（ガヴァナビリティ）ということをわざわざ問題にすることはないようにも思える。だが、近年では、学問上も実際の政治の上でも、このような概念が頻繁に登場するようになった。それは、一九七〇年代に先進諸国において、経済成長の鈍化による財政難からこれまでのような財政拡大と利益政治を維持することが困難になり、また左翼運動の過激化から発生したテロなどへの対処が問題になった頃からである。

アメリカ、ヨーロッパ、日本の政治学者から成るシンポジウムにおいて、「民主主義の統治能力（ガヴァナビリティ）」の問題が討論の俎上に載せられたのはこの頃である（ハンチントン他 一九七六）。そこでは、有権者の要求の過大化に対して政府が対応できなくなっていることや、官僚制が硬直化していることなどが、民主主義の統治能力を制約しているとして問題とされた。

そのような危機から生じた新しい統治法は、具体的には「新自由主義的」統治の知と実践となって、一九八〇年代以後グローバルに拡大していくことになった。それは、リーダーシップを強化すると同時に、それをチェックする説明責任（アカウンタビリティ）や外部評価などの考え方を伴うものであり、また政府のほか、自治体や大学、私的な企業体、NGOなど、広汎な社会組織について、それぞれの統治（ガヴァナンス）を求めるものとなっていった。

†フーコーの統治性論——いかに統治するか

ガヴァナンスの概念が普及する少し前に、自由主義的統治の性格の変化を見出したのは、一九七〇年代後半にミシェル・フーコーがコレージュ・ド・フランスで行なった統治性をめぐる一連の講義であった。フーコーによれば、それまでの政治や権力の問題は「だれが統治するか」をめぐってなされていた。これは「プロレタリア独裁」を説いていたマルクス・レーニン主義に典型的に当てはまるが、それと対立関係にあったアメリカの多元的政治学もまた、ある意味で同様であった（その代表者であるロバート・ダールには、『統治するのはだれか『Who Governs?』という有名な著作がある)。しかし、フーコーが「新自由主義」の思考に注目するのは、その問いに代えて、「いかに統治するか(How to Govern?)」を見出した点にある。

フーコーによれば、一八世紀に出現した自由主義では、伝統的な政治論(たとえば、君主政か貴族政か民主政か、というような)のように、統治を法などの手段で外から制約することによって良き統治を維持しようとするのではなく、統治の内在的な合理性をその制約の根拠とするようになったという。たとえば、市場の働きや価格といった経済的な事柄における何らかの「真理」が統治の規準として用いられるようになった。

そのことにより統治は、絶対主義の時代のように、社会の隅々まで眼を光らせ統治の対象を限りなく拡大する必要から免れる。代わりにどうやって「より少なく統治するか」が課題となる。こうしたことは、自由主義が支配的なわれわれの時代にとっては自然なことのように見えるが、自由主義的な統治によってはじめて登場した考え方だったのである。

「新自由主義」への移行には、もうひとつの屈折が存在する。それは市場に任せておけば社会は調和する、というレッセフェール的な考え方への信仰が、大恐慌によって崩壊した二〇世紀前半においてである。この時代は共産主義やナチスのような国家管理の思想が強大化し、また自由主義内部でもアメリカのニューディールのように計画経済と市場管理の考えが浸透して、経済的自由主義にとっては冬の時代となった。そんななかで、レッセフェールを時代遅れとしつつも、市場こそが自由主義の根幹であり、自由主義を救うためには市場を再建しなければならないとしたグループにフーコーは着目している。

すなわち、市場以外の力（とくに政治権力や官僚制）によって経済的自由主義を制約するのでもなく、それでいて市場を自由化するために国家が退場する（レッセフェール）のでもなくて、市場を維持するためにこそ国家はむしろより多くのことをしなければならない、というのである。ドイツのオルドー派に代表されるこのような考え方は、崩壊しかけていた市場の合理性を再建し、そのような合理性に従った統治を国家に要請した。

フーコーは一九七九年に行なわれたこの講義（フーコー 二〇〇八）において、こうした立場を「新自由主義」と呼んでいる。このような考え方と、そのすぐ後に成立したサッチャー政権（一九七九年）とレーガン政権（一九八一年）以後のよく知られた現実の「新自由主義」とは、興味深いことに、ある程度は重なるが、かならずしも同じではない。現実の新自由主義政権は、あいかわらず「小さな政府（政府不介入）」を主張して「大きな政府（政府介入）」を非難するのが一般的であるのに対して、フーコーが見出した意味での「新自由主義」は、このどちらでもない第三の立場であり、こうした立場が主要な政治的勢力となることはあまりなかった。

もっとも、新自由主義政権の実際にしたことを見れば、第I部で検討したように、政府は経済に頻繁に介入しており、湾岸戦争からイラク戦争に至る暴力の行使からも、新自由主義的世界経済秩序の維持に深い関わりをもっていることは明らかである。問題は介入があるかないか、ということよりも、フーコーが発掘した「新自由主義」のように、必要な国家介入が、何らかの統治の合理性に従って行なわれているかどうかということである。

†統治の「合理性」をどう見るか

フーコーの統治性論は、マイケル・ハートやアントニオ・ネグリらの〈帝国〉の議論とともに新自由主義研究に大きな影響を与えてきた。それらの主要な受け取り方のひとつは、新自由主義において社会領域を問わず統治の合理性が貫徹していることを前面に押し出すものである。新自由主義的な統治では、かつてのような細かな規律で労働者を縛ることを要せず、資本の管理が労働時間と余暇とを問わず労働者の生全体を貫いている。たとえば労働者は余暇など生活の全般に及んで自発的に自分の価値を高めスキルを開発すること（たとえば英会話の習得）を要求される。また介護労働のように、決まった量の労働を超えて、精神的に限度なく尽くすことが求められるようになる。

このような新自由主義的な統治の「合理性」についての見方は説得力があり、この社会の重要な側面をよく捉えている。たしかに私たちの周りでも、コンビニやスーパーのような流通業界、ファストフードやビジネスホテルのチェーン店といったようなところでは、これ以上無駄を削れないほど、モノや人（従業員）に対する「合理的な」管理は徹底しているように思われる。そして安い価格で水準以上のサービスを提供することで消費者の支持を得ていることも確かである。

しかも、たんに企業利益を出すということだけでなく、成功している企業の多くは、エコロジーへの配慮（地球にやさしい企業）をはじめとして、企業の社会的責任（CSR）を強調している。危機に対処するマニュアルも備わっており、大震災のような非常時には、企業が自らの短期的利益を度外視して援助や寄付行為に努める姿も多く見られた。

これらの企業活動には賛否両論がある。社会的評判が事業の成否を大きく左右するネット時代では、こうした活動は利益追求の一側面にすぎない、という見方もある。逆に評判によって企業を制約することで、企業に社会的責任を果たさせるメリットがあると説く立場もある。一方でガヴァナンスが徹底していく社会は、同時にそれになじまない者を排除していく社会でもある。監視カメラの設置にみられるように、人々が安全の名のもとに権力による管理を喜んで受け入れるような社会でもある。

†統治理性が欠如した政治

このように光と影の両面をもちながら、特定の社会領域ではガヴァナンスはよくも悪くも「合理化」され「進化」している。しかし、これに対して、政治はどのようになっているのだろうか。各々の企業や自治体、諸団体などのガヴァナンスに対して、政治はそれらをさらに上のレベルから統治する「ガヴァナンスのガヴァナンス」という位置にあると考えられる。しかし近年気になることは、企業などの団体がコンプライアンスや社会的責任などで縛られ、あるいは自らを縛っているのに対して、それらを管理するはずの政治が、逆に制約をのがれ、恣意的な度合いを増しつつある、という点である。社会の各領域での部分的な合理性を積み上げていけば、全体社会が合理的なものとなるかというと、そんな保証はない。金融市場、資源、環境、科学技術等々の領域でかつてないグローバルな危機が出現しながら、政治がそれらに対応できるような合理的な統治術を持ち合わせているようにはあまり見えない。

なかでも最大の問題は、国家の暴力行使に関わるものである。「ネオコン」時代のアメリカのブッシュ政権は、市場主義を掲げながら実際は政府の社会への介入を進め、とくにテロ後の対イラク戦争においては自らの暴力行使における合理的な制約をも失っていった。

政治のトップが国際社会のリスクそのものとなっていったのである。そういう事態を下から支えているのは、強い政治指導者を待望し、民意に支えられているということで指導者への「白紙委任」を民主主義だとする、大いに問題のある（そして成功の可能性が乏しい）考え方である。

日本の民主党政権の失敗の多くもまた、このような統治理性の欠如を露呈したことに関係している。民主党政権が陥った結果は、端的に言って、権力は掌握したがどうやって統治してよいかわからない、というものだった。ここには（狭義の）政治と社会との関係づけについての問題も潜んでいる。

統治性の問題領域は、政治権力と社会との接点で生じる。フーコーが指摘したように、統治者がみずからを社会の諸関係のなかに埋め込んでいくことで、統治性という新しい問題圏が生まれた。社会がどのように構成されているのか、という理解なしには、統治性は成り立たないはずである。政権交代の政治学（たとえば佐々木 二〇〇九）の指針を見ると、権力やリーダーシップの強化が言われるのに比して、「社会をどのように統治するか」ということには意外にもほとんど紙幅が割かれていない。ここには統治理性の問題が軽視されていたのではないかという疑いが浮上する。

その結果、金融危機や自然災害などの「フォルトゥナ（運命）」が荒れ狂うなかで、それを制御する「ヴィルトゥ（力量）」が政治に求められていたはずなのに、政治がフォルトゥナに対して無力であるばかりではなかった。統治の理性を欠いた政治では、政治そのものが災厄となる。合理性や予測可能性を欠く政治が、それ自体フォルトゥナとなって人々を襲うという事態が生じたのである。

5 「公」と「私」のあいだ

†新しい公共？

「公」と「私」の区別をどのように考えるかは、政治思想・政治哲学の永遠の問題だと言われることがある。「公共哲学」のような学問を興そうとすれば、当然「公共的なもの」とは何かを規定しなければならない。それは別に議論する必要がある問題であり、本書では詳しくは立ち入らないが、公的なものと私的なものの境界づけは、社会の構造変化とともに歴史的に大きく変化してきたものであることを考えてみる必要がある。

先に熟議の項で「新しい公共」という観念に少し触れた。近年では国家の公領域でも市場の私領域でもないところに、市民の諸団体によって担われる「市民社会」的領域が新たな公共領域とされることが多い。しかし、ここではいくつかの注意が必要であると思う。ひとつは先にも触れたように、それは決して今に始まったことではない、ということである。民間の個人や諸団体が自発的に公共を担うようなケースは、一八世紀から二〇世紀に至る欧米社会で普通に見られた。しかし、最近になってこのような公共が言われるさいには、その社会的条件が大きく変わっていることに注意が必要である。「新しい公共」に関する議論は、それをたいてい理念や目的として語っているが、実際はむしろそうあらざるをえない事実や前提であると見た方がふさわしい。それをもっぱら理念として扱うならば、現状の問題点が見えにくくなるおそれがある。

公共性が政府だけでなく民間のさまざまな活動に依存するしかなくなった背景には、新自由主義の考え方や政策がある。新自由主義は政府の活動領域や財政規模を縮小しようとしてきた。

しかし重要なのは、政府が縮小するからといって、公共的な機能が縮小するわけではない点である。たとえば高齢化という社会環境の変化は、最近の政治を深いところで規定するファクターであるが、これは公共的な機能の維持拡大を要請する。人は誰も加齢とともにひとりで生きていくことが困難になり、これまで高齢者を支えてきた家族や地域のつながりも著しく弱体化していくなかで、高齢者の孤独な状況を放置するわけにはいかないからである。公財政や公務員数などで表される政府規模の縮小と、それにもかかわらず公的な機能の拡張が必要とされるということのギャップを、さまざまな民間部門（企業、市民団体など）が分担して埋める、ということが不可避となってきている。

†公的領域と私的領域の融合がもたらす問題

これまで公的行政が行なってきた業務に、民間の市場原理を導入したり、民間の主体を参加させたりする試みには、たとえば独立行政法人化、第三セクターの設立、ＰＦＩ（Private Finance Initiative）事業の導入など、さまざまなタイプが存在する。こうして、公的だとされる領域に今では多くの民間企業が関与し、公的領域と私的領域との区別は判然としなくなっている。

一九九〇年代には、「市民社会」は企業や市場のような営利的な領域を排除した、ＮＰＯやボランティア活動の圏として定義されることが多かったが、ボランタリー・ベースだけでできることには限界がある。現在ではボランティア的な志向を持つ人々が「起業」して会社を作り、福祉など公的な意味をもつ活動に参加することがしばしば見られるようになり、公と私との中間領域は一層複雑になってきている。このような私企業形態での公的活動への参加は、新しいサービス提供の可能性を開くものとして注目されている。しかし同時に、さまざまな問題がこの公と私のはざまの曖昧な領域に発生しつつあることも見逃すことはできないだろう。

公私の圏の融合がもたらしやすい症例の最もわかりやすいものとして、汚職の多発があげられる。それだけではなく、介護保険制度などにもみられるように、社会福祉活動に民間企業が参加するケースが増大しているが、ここにも新しい可能性のほかに、いわゆる貧困ビジネスとされるような問題が生じる危険が見出される。税金に頼らず貧困者を事業に参加させて貧困者を救済しながら収益を上げることと、貧困者をビジネスの対象として収奪することとは、もちろん同じことではないが、実際には紙一重というきわどさがしばしば付きまとっている。逆に公的なものを維持するために、民間の諸セクターに過剰な負担が課せられてしまう場合も考えられる。たとえば公的活動がボランティアに常時頼らないと継続できないような状態となり、その負担が支える人々にとって重荷となるようなケースは数多い。

また資本主義の変貌によって、過去最高益を上げる巨大企業が続出している一方、収益を上げるという資本主義「本来の」可能性がほとんど失われながら、存続を地域から期待されて事業を継続する企業も多い。たとえば過疎地の鉄道やバス事業の多くがこういった状態になっている。そのようなところでは、ＪＲのような大規模業者が早々と撤退したあと、地元の小さなバス会社にサービスが委ねられ、それも撤退すると自治体の経営となり、また逆に自治体の赤字解消の目的で再び地元の会社に経営が委ねられるといった、行ったり来たりの困難が続いていることが多い。こうした場合、公共インフラは、それを経営する企業従業員の低賃金や住民のボランティアの努力によってなんとか支えられているのが現状である。

儲かっている企業は公共性に反しているという左翼ポピュリズムにありがちな一般化は問題だが、逆に儲からない企業はその社会的使命を終えているという、こちらもありがちな主張も過剰な一般化である。後者のような企業の貢献なしでは、地方の公共サービスは成り立たず、それもいつまで続けられるのか憂慮されている。こうしたところでは、住民や企業のボランティア精神に期待するだけでは限界がある。公共インフラをどのように維持するかについての政治的合意が求められている。

6　参加と抵抗

†抵抗は不毛か——民主主義における同一性と非同一性

政権交代時に重視された考え方では、政党は何であれ、政権奪取を目的に活動するものだとされた。「政権公約」とも訳されたマニフェストを中心とする政治も、政権獲得ということにもっぱら関係づけられていた。有権者は、次の総選挙で政府を更迭する権利があるという留保付きで、政権党に自己を同一化させるのであり、これが民主主義の基本だと説かれたのである。

このようなことが強調された背景には、冷戦下の五五年体制のもとで、日本の野党とくに社会党が、自ら政権に就くことをあまり想定せず、「何でも反対」する党という印象を長らく与えていたことによる。ここから冷戦終結後には、政権への参加が政党の任務であり、抵抗は不毛だ、という考え方に導かれていった。野党だけでなく、小泉政権下の反小泉勢力だった与党（自民党）内部の反対派にも、また政治家の改革案に躊躇したりやり過ごしたりする行政官僚制にも、「抵抗勢力」という非難語が浴びせられるようになっていった。

抵抗が正当であるのは、戦前の日本政治やナチスのように民主的な政治参加の可能性が断たれている場合だけであって、現在では民主主義的な参加が可能でかつ次の選挙で政府を取り替える可能性があるゆえに、抵抗は不毛だと言ってよいのだろうか。ここには民主主義における同一性と非同一性という根本的な問題が存在している。

†野党は何のために存在するのか

まず議会政を中心にした、いわゆる代表民主政について考える。代表者は選挙で有権者によって選ばれた政党や政治家であって、ここには代表と代表されるもの（有権者）とのさしあたりの同一性が存在すると考えられる。

しかし、この同一性には限界があることもまた確かである。非同一性（不同意）はまず、選挙で敗れた党（野党）に投票した人々にとって存在する。そのほか未成年など選挙権を持たない人にとっては当然そうである。自由意志で棄権した人はどうだろうか。他の有権者に任せたのだから同一性を承認している（不満を言う資格はない）、とも言えるが、はじめから投票したい政党または人物がいなかったとすれば、不同意にならざるをえない状況があったと見ることができる。さらに、勝利した政党には投票したが、その政策のなかには反対のものもある、というケースも多い。ここにも同一性の限界が見出される。

現在の政府に不同意でも、次の総選挙で政府を更迭する機会が保証されているのだから、今は文句を言わず政府（あるいはこの政府を選んだ多数者）に服従すべきだ、と言えるだろうか。これは、野党は何のために存在するのか、という問題と関係する。「何でも反対」が不毛とされた後、野党に求められる役割は大きく変わり、たとえば将来の政権獲得後を見据えた「影の内閣」を形成することなどが求められてはいるのだが、それでも二〇〇九年政権交代後の野党の役割は揺らいでいるように思われる。

小選挙区制中心の選挙に移行したことにより、民意がダイレクトに選挙で勝利した党（与党）に反映されると考えられるようになって、負けた側である野党は民意から乖離していると見られがちになった。かつて冷戦期に社会党は長く野党の立場にあったが、政権には縁が薄かったかわりに、労働組合勢力などの支持を見込むことで比較的安定した利益代表の地位を築いていた。

その時代の野党に比べると、現在の野党は存在意義を問われる厳しいポジションにある。政府・与党に反対の立場を貫こうとすれば、民意の実現を妨害する抵抗勢力とみなされて、ますます有権者の信用を失うおそれがある。しかしかといって与党の政策に協力すれば、支持者からマニフェスト違反とみなされるおそれがあり、また与党が自らのマニフェストに固執するなら、協力しながら修正を求めることもむずかしくなる。結局、野党は与党の政策に露骨に反対することも、また協力することも控えながら、ただ与党が失敗するのを待つ、という不毛なことにもなりかねない。

次の政権を狙うことだけが野党の存在意義だと考えるならば、たぶんこのようにならざるをえない。しかし、野党の意義がそれに尽きるわけではないと考えられる。たとえば日本共産党の議員が大震災以前に、福島の原子力発電所が地震時に冷却材喪失による事故を生じる危険性があることを質した国会質問の意味を考えてみれば明らかであろう。政権交代を促した考え方には、このような野党の批判的役割を軽視する面があった。

†「ねじれ」国会の問題——参議院は不要か？

今では、野党の反対が政府の政治主導を妨害しているという批判がなされることが多いが、それは衆参両院のあいだでいわゆる「ねじれ」（参議院の多数が衆議院の与党と異なり、参議院が法や予算の成立を妨げる可能性のこと）を生じさせる国会制度が問題だ、という批判へとつながっている。政治主導論のなかには、このような事態を避けるために、参議院の廃止を求める意見も存在する。

参議院が衆議院と基本的に変わらない選出方法で選ばれるならば無用であり、参議院を異なるタイプの議会（たとえば地方自治体の代表会議）に変えてはどうか、という考え方には、私も検討する価値があると思う。ただし、総選挙で選ばれた衆議院が民意を代表しているのに対して、「ねじれ」となった参議院はそれを妨害しているという議論は一面的である。

衆議院で一方の党を圧勝させたのを民意で正当化するならば、参議院で反対党に勝たせて「ねじれ」を作りだしたのも、与党の政府の独断専行を危険とみて慎重を求めるもうひとつの民意と見るべきだろう。まして、自分たちが望んでいる政権に対する「ねじれ」を非難する一方で、自分たちが望まない政権ができると「ねじれ」の解消は危険だ、などと主張するのはご都合主義にすぎない。

政権交代を促した構想では、民意に沿った政府が強力に政策を実行することが必要だと考えられていた。しかし、ここで時間の経過を考えに入れるならば、「ねじれ」の場合が示すように、「民意に沿う」ということと、「強力」であるということのあいだに、両立が困難な問題が現れることに気付かされる。

衆議院は解散がなされなければ、四年という任期が定められている。これは長いのだろうか、それとも短いのだろうか。世論調査などで推し測られる民意と言われているものは、このところ非常に流動的であり、絶えず変化する傾向をもっている。総選挙から時間が経過するにつれて、例外はもちろんあるが、一般に内閣や与党の支持率は低下する傾向にあり、民意と代表との乖離が大きくなると想定される。総選挙で大勝利した与党は、議席を維持するためになるべく解散したくないと考えるのは当然であるから、この傾向は助長される。

それでは民意の動向に応じてより頻繁に政府を作り替えるのが正当なのだろうか。たとえばネットを用いた敏速な民意の集計に信を置く「集計民主主義」の立場のなかにはこのような主張もありうるだろう。しかし、政府がその時々の民意に従って短期間に取り替えられるならば、政府の方針は定まらず、強い政府を作ることは不可能になるだろう。かといって、逆に期間をずっと長くすれば、政府は独裁傾向を強めて有権者に責任を負わなくなるかもしれない。

†デモは民主主義において正当か?

つぎに国会の議決に対して国会外での抵抗運動は民主主義にとって正当かどうか、という問題がある。これは歴史的には一九六〇年の安保反対運動で激しく論争になった点であり、政治学者の丸山眞男らは、国会を取り巻いて安保改定に反対する市民運動の正当性を擁護した(丸山 一九六〇)。その理由は、選挙によって正当に選ばれた代表であっても、個々の論点において有権者と一致するとは限らないこと、そして主権者と定められている国民の政治的権利は、選挙で代表を選ぶことに尽きるわけではないこと、などに求められる。

現在また、原子力発電所の再稼働や安保法制の是非をめぐって、国会と市民運動との対立関係が生じている。こうした市民運動による抵抗を排除するならば、民主主義から多くのものが失われてしまうだろう。

民主主義には参加によって治者と被治者との同一性を実現しようとする面と、それに異議を申し立て抵抗する面の両面がつねに含まれている(藤田 一九六四)。言いかえれば民主主義は非同一性をつねに含み込み、非同一性(異議)へと開かれた同一性を追求するという矛盾した性格を有している。現在の民主主義もなお、こうした最終的に解かれることのない問題を見据えていくしかない課題を負っている。

以上、六つの視点から現代の民主主義を考えるうえでの契機について検討してきた。いずれが民主主義にとって決定的かを言うことは困難である。民主主義は複合的な観念や実践であり、何かひとつの視点から余すところなく実践的な指針が見出されるというものではない。このような民主主義や政治の複雑性に付き合っていくことが、政治的成熟ということになるであろう。

Ⅲ 民主主義の思想的条件

東日本大震災・津波で押し流され、燃えた自動車(photo © AFP=時事)

先立つ章で振り返ってきたように、われわれが民主主義ということばでイメージするものは、経済や文化の状況によって大きく変化する。たとえば敗戦後にあっては、民主主義は軍国主義的あるいは権威主義的な支配を打破して日本を復興へと導く希望に映った。高度経済成長期には、労働運動や社会主義の隆盛に民主主義の希望を見出した人も多かったが、それは後に幻滅に変わっていった。今もまた、民主主義について語られることが多くなったが、民主主義の名が生み出す具体的なイメージは、民意による独裁から熟議や少数者の立場の擁護、立憲主義に至るまで相対立する要素を含んでいて、容易に統一像を結ばない。

こうなるのは、民主主義がそれ以外の社会関係から独立で成り立つのではなく、政治と関係する経済、社会、文化などによって深く規定されているからである。民主主義そのものの建前は以前とたいして代わり映えしないのに、その印象が大きく変わるのは、民主主義が文化変容とともにあるからである。

ところで、ここで言う「文化」とは、鑑賞の対象としての芸術作品のような意味ではなく、人々の生き方を構成する社会的な心性のようなものの意味で用いている。たとえば、初期のアメリカ合衆国で民主主義を支えたものの一つは、個人主義的でありつつ自己とコミュニティとを結びつける、ピューリタンたちの自己反省的な文化だったとされる。また一九世紀前半のフランスでの民主主義運動（民衆運動）の背景にあった文化は、本格的に産業化が展開する直前、生活世界と労働世界とがいまだ浸透し合うなかでの、労働者や民衆の連帯感であった。

われわれの時代は、こうした過去の民主主義の事例と比較して、どのような文化を持ちえているのだろうか。このような問いに答えることは、文化が絶えず変容過程にあるために、多くの困難を含んでいる。したがって固定した文化があるというのではなくて、その変容過程に焦点を当てて、文化と民主主義との相互規定関係の一端を明らかにすることが、第Ⅲ部での課題である。

現代の民主主義の文化的変容を考えるさいに、いくつかの節目を置いて考えることができる。たとえば高度経済成長とその終焉、とりわけ一九六〇―七〇年代のニューレフトの運動を契機とする文化変容、それらに続いて、冷戦の終焉と共産主義体制の崩壊から、資本主義の再活性化を図る新自由主義への転回である。こうした歴史的節目を考慮しつつ、三つの角度から文化変容と民主主義の関係を検討してみようと思う。

第8章　「ポスト物質主義」の政治——その意義と限界

†「ポスト物質主義」とは何か

最初に検討したいのは、近年の文化から政治や経済に至る幅広い傾向として取り上げられる「ポスト物質主義（post-materialism）」と呼ばれる潮流である。資本主義でも重厚長大産業が流行らなくなり、人を対象としたサービスに力点が移っていくことなどに表れる「モノから人へ」というような移行感覚が挙げられよう。

なお、マルクス主義での「唯物論」もまたマテリアリズムであり、これも廃れてしまった思考様式の代表例とされることが多い。ただしここで扱う「ポスト物質主義」は、マルクス主義的な「唯物論」の代替だけでなく、技術進歩や経済成長に対する疑念、さらには富や権力を追い求める生き方とは異なる人生への志向なども意味する、より広い概念である。

この発端には一九六〇—七〇年代、ニューレフトのラディカリズムが主張したオールタナティブな生き方がある。この時期に左翼は労働運動から市民生活の多様な側面へと、活動の重心を移動させるようになった。フェミニズムやエコロジー、また少数者の文化を擁護する多文化主義などの思想や運動も、このようなオールタナティブな思想を発端としてこの時期に一般化した。

その後の時代の変化とともに、「ポスト物質主義」にはさまざまな意味合いが付け加わってきた。産業構造が製造業主体からサービス中心に変わり、生産においても知識や情報の重要性が著しく高まってきた。消費の対象がモノの有用性からイメージ中心的なものへと変化していくことが、消費社会論でしばしば指摘されてきた。もともと「ポスト物質主義」には体制批判的な意味合いがあったものが、資本主義の側がこうした傾向を新しいビジネスチャンスとして急速に取り込むようになった。現在では多くの企業が環境に優しいことを自ら主張するようになっている。

こうした傾向は、最近の政治にも重要な影響を与えている。たとえば「コンクリートから人へ」といったスローガンに代表される民主党政権の政策には、「モノから人へ」という方向づけなど、ポスト物質主義的傾向がかなり表れていた。政権発足当初はそれが何か新しい政治の条件であるように受け止められた。

†「ポスト物質主義」vs.「物質主義への回帰」

政治における価値観の変容という文脈で「ポスト物質主義」の概念を定着させたのは、政治社会学者ロナルド・イングルハートの著書『静かなる革命』（一九七八）の功績である。イングルハートは六〇年代から七〇年代に至るニューレフトなどの社会運動を経たあとの西欧の政治社会における人々の意識を調査し、そこに価値観の変化が定着していることを見出している。

たとえばかつて多かった「富」や「権力」への志向に代わって、他者に承認されたい欲求やアイデンティティの欲求が上位に来ることが示されている。イングルハートはアブラハム・マズローの「欲求段階仮説」に依拠して、「安全」などに始まる物質的欲求が充足されると、「承認」などの「ポスト物質主義」的価値へと人々の志向が移動すると説明した。このようなイングルハートの仮説は、六〇―七〇年代を境とした政治文化の変化の大局を把握するうえで、今も価値を失っていないと思われる。ただし、ここにはいくつかの留保が必要である。

ひとつには、七〇年代以来の先進資本主義国での景気の後退、および新自由主義的政策の導入による格差拡大によって、先進国ではいったんはほぼ解決済みだとされた貧困問題が回帰してきた。物質的な富の欲求が満たされなくなれば、「ポスト物質主義」的価値は後退するのだろうか。新自由主義的政策自体が、投資と消費を中心に人々を再び物質的欲求へと駆り立ててきたという面もある。また、人間生活の精神的な豊かさについてあれこれ言えるにしても、やはり経済がしっかりしていてこそはじめてそうした豊かさが可能になるのだという議論には、一般的傾向の説明としては説得力があることも否定しがたい。景気後退の場面においては、「ポスト物質主義」は脆弱な立場に追いやられているともいえる。

しかし、それでも不可逆的にポスト物質主義的な志向が強まっているという面も否定できない。先に触れたような環境への関心もその一例であるし、またフェミニズムや多文化主義は世論ではしばしば評判が悪いが、そうなるのは不十分ながらもそういう考え方が浸透し政策化された結果、快く思わない者もしぶしぶそれらを認めなければならなくなった、という状況によるものだともいえる。

「ポスト物質主義」はニューレフトから新自由主義への文化変容において、このような両義的な位置にあり、「ポスト物質主義」対「物質主義への回帰」の抗争が現代の民主主義のいわば「文化的矛盾」を形作っているようにも見える。現在では、たとえば脱原発側と原発再稼働側との争いなどがその典型だともいえる。それは一面でそのとおりなのだが、しかし現状の対立をこのような二元的対立にまとめることが正当かどうかには、私は疑いを持っている。ニューレフトの時代から現在に至るまで継承されてきた新しい政治文化を「ポスト物質主義」の名で呼ぶ一般的傾向が果たして望ましいかどうかについても、以下に述べるようにこの概念自体に混乱があって、この概念で示される内容を見誤らせているのではないかと考えられる。それゆえに、再検討の余地がある。

まず、六〇—七〇年代に始まる意識の変革を「モノから人へ」といった文脈で捉えることは、一種の矮小化であり、この変化が消費資本主義に取り込まれた結果そうなったのではないか、という点である。たとえば素朴に考えても、エコロジーの思想は、人間がモノから解放されることを求めるのではなく、むしろその逆を指し示す考え方だと言える。すなわち、本来人間は、生態系システムの支配者ではなくその一員であり、エコシステムの中にある存在として人間や人間社会を把握し直そうという考え方である。そうであれば、人間が自らの物質的な再生産の場面に向かい合うことは当然である。

物質的な再生産という面では、フェミニズムもまた、出産や育児など、人間の再生産(リプロダクション)に注目することで、これまでの生産中心の産業主義的なものの見方を覆してきた。ここでも人間が自らの外部にある物質的自然を加工し支配するような狭い関係を超えて、自らも出産や育児をとおして自然界の物質代謝のなかで生きている存在であることに目が向けられていると言うことができるだろう。

　このようにして、一九六〇―七〇年代以後の文化変容で目指されたのは人間が物質的なものから解放されるというのとは逆に、むしろ人間が物質界、自然界に埋め込まれた存在であることを意識し、人間の自然に対する関係を、人間中心的な意味での功利的な関係(開発、搾取)にとどまらないものへと開いていくことであった。それはこれまでの狭い意味での「物質主義」とはたしかに異なるものだが、物質的なものから自由になるわけではないので、「ポスト物質主義」という表現はもともと不適切だったのではないかと私は考えている。

　こうした文化変容に、とくに八〇年代以来、消費資本主義的な文化変容が新たに付け加わることで、変容の意味自体が変容してくることになる。「地球にやさしい」といったことばに表現されるようなライフスタイルが流行となり、そのようなライフスタイルを提供するビジネスが成立したり、企業がエコであることを活動の正当化や企業イメージ向上に用いたりすることが一般的になって、消費資本主義のなかにエコロジーや女性中心的な文化が取り込まれるようになった。ここに至って、エコロジーはしばしば物語として消費される言説となり、物質的関係から独立して見えるイメージとして、文字通り「ポスト物質主義」のことばにふさわしくなった面がある。それと同時にこうしたイメージに支えられた環境ビジネスには、新しい成長産業として、資本主義を牽引していく役割が期待されるといった、当初のエコロジー思想からは大きく異なる資本主義への取り込みが行なわれるようになった。

エコロジーを消費資本主義的に言説化することは、ある意味では必要なこともあるだろう。そうしなければエコロジーの世界的流行はなく、グローバルな政治や経済において影響力をもつことは困難だっただろうからである。しかし、エコを掲げる企業の言説と、企業が地球上でリアルにしていることとのあいだには、大きな開きがあることが多く、エコロジーが言説だけに解消されることはありえない。

†「社会資本」とは何か――人々のあいだの関係、人間とモノの関係

東日本大震災によって問われているのも、これらの問題に関わっている。繰り返し見てきたように、民主党政権は「コンクリートから人へ」を改革のスローガンにしてきたが、そうした方向が震災への対応に有利に働いたと言うことはできない。震災後立ち現れた課題は、「モノから人へ」ということではなく、モノと人の関係をどのようにして再構築するかということだと考えられるからである。もちろんそれは単にモノがあればいいという

ことではなく、古い開発主義への回帰（「人からモノへ」）などではありえない。堤防や避難施設がうまく機能するかどうかは、それを用いる人のあいだの協力関係にかかっている。同時に、人のあいだの協力関係があれば、モノ（とくにインフラ）は重要ではないと言うことも明らかに不適切である。

「社会資本」という概念がある。これはもともと企業などの私的「資本」と対比して、公共的なインフラストラクチュア（道路、鉄道、水道、病院、学校施設など）を指すのに使われてきた。一九七〇年代の日本では、急速な経済成長に比して、こうした社会資本の整備の遅れが問題とされていた。しかし、一九九〇年代あたりからそうした「社会資本」とは明らかに異なる「ソーシャル・キャピタル」（旧来の用法と区別するためにそのままカタカナ書きにすることが多い）という概念が世界的に多く通用するようになった。

「ソーシャル・キャピタル」と呼ばれるものは、キャピタル（資本）といってもモノではなく、信頼にもとづいた人間関係を指す概念である。アメリカの政治学者ロバート・パットナムはこの概念を用いて、民主主義がうまく作用するにはこの種の人間関係資本が不可欠であるとし、現代アメリカにおける人間関係の孤独化が民主主義の働きを困難にしているとする（パットナム 二〇〇六）。

このタイプの議論は、日本でもボランティアの活動が活発化した阪神淡路大震災の頃から、顕著になった。そして東日本大震災後、人間の精神的なつながり、「絆」の重要性が言われたことも、この潮流と符合している。私ももちろん人間関係の重要性を否定するものではない。しかし、政治がうまくゆかないのは、「絆」が欠けているのとは次元を異にする理由による。精神面ばかりが強調されると、かえって政治がなすべき役割が見失われかねない。人々の自由で多様な活動が行なわれることは望ましいことだが、政治の主要な役割のひとつは、具体的な人間間の協力関係が達成されるように、その前提としての物質的条件を背後で整備することにあると考えられるからである。

近年発生した高速道路トンネルの天井板崩落事故やJR北海道の度重なる事故、積雪時の交通の長期にわたる混乱などに見られるように、インフラの劣化もまた深刻な問題になりつつある。高速道路の無料化政策は、道路修理の財源を見出すことを困難にするとともに、公共交通の経営を圧迫してそのインフラの維持をも困難にするという意味で二重に問題である。広い意味での「社会資本」は人間と人間のあいだの関係と人間とモノの関係の両者から成り立つものであって、二つの関係を排他的に捉えることが適切だとは思われない。市民のあいだの協力は重要だが、それだけではどうにもならないことがあり、それをどうにかするのが政治の役割であるはずである。

ネット上の情報など「ポスト物質主義」的な関心が優る現代人の日常生活において、モノがモノとして認識されることは少ない。モノは有用物として人間の意味の世界に従属しているからである。しかし、たとえば津波による膨大な瓦礫の発生は、人間の眼の前に突如モノが不気味な固まりとして現れる経験となった。通常は人間の用途に従って作られているさまざまな有用物（電気器具、家具、自動車など）が、災害で一瞬にして、用途を失い形のなくなったいわば純粋なモノ（古代哲学風に言えば純粋な「質料」）として人間に対立してくるようなことが起こる。

被災地外の自治体による瓦礫の受け入れと処理については、多くの反対運動が発生し、問題が持ち上がった。たしかに瓦礫は運搬せずにできるだけその場で処理したり埋め立てに利用したりするのが望ましく、行政がその可能性をどこまで考えたのかという問題は残るのだが、被災地での処理能力に限界があったことも否定できない。被災者の受け入れなど人のあいだの協力に好意的でも、瓦礫のようなモノは拒否するというのは、やはり問題を残すことになるだろう。被災地でモノ（瓦礫）の処理の目途がつかないと、人の活動も困難になってしまい、復興は進まないからである。瓦礫のようにもともと人工物でありながら用途を失い、怪物化して人間に対立してくる存在とわれわれは向き合うしかないのだが、それは「ポスト物質主義」的な政治思考とは別の次元に属する。

†新しい「進歩主義」？

「ポスト物質主義」と関連して再検討しておきたい概念に「進歩主義」が挙げられる。進歩主義とは、時の進行とともに人間や社会の質が向上していくという信念であり、一八－一九世紀のヨーロッパで本格的に始動した考え方である。非西欧地域やヨーロッパの古代・中世、そして近代初期に至るまで、進歩の観念はただ断片的に見られるだけだったのが、一八－一九世紀に一挙に一般化され、人類史全体が進歩の概念に包摂されるようになった。それが二〇世紀になると、世界大戦や全体主義の経験によって、進歩への信頼は大きく揺らぎ、進歩主義への反省も見られるようになった。

しかし第二次世界大戦後再出発した日本の場合は、やや事情が異なっている。戦前の思想が安易に西欧の批判（「近代の超克」）を主張して失敗したことの反省もあって、自由、人権、民主主義などの西欧的と考えられた理念を核とし、それに科学技術や生活水準の向上などを加えた理想が、「進歩」の名で擁護され力強く推進された。

こうした進歩主義は、当時日本が西欧よりも遅れているという認識によって正当化されている面があった。ところが経済成長によって日本が欧米諸国の生活水準に並んだ一九七〇年代頃から、西欧に追いつくという目標が一応達成されたことと、当時の公害問題などによって近代科学技術文明への批判が強まったことから、進歩主義はしだいに魅力を失うようになった。人権や民主主義のような規範についても、一部では相対化が進行していった。「進歩的知識人」という、かつては頻繁に用いられたことばが示すように、とくに「革新」陣営は進歩主義と深く結びついていたため、革新の衰退は進歩主義の終わりを告げていると思われた。

ところが二〇〇九年の政権交代時には、死に絶えたと思われていた進歩主義が、その装いと内容を変えて、復活するように見えた。旧態依然とした自民党や官僚の政治に対して、民意にもとづく新たな政治主導の確立、コンクリートと利権にまみれた公共事業中心の政治に替わって、「人」を中心に置く新しい政治、こうした転換によって日本の政治が遅れを取り戻し、経済や社会も劇的に良くなると、中道左派系のマスメディアは当時さかんに報じた。新たな進歩主義はこのような何か新しい感じがして耳触りのいいことばで装われていたが、今ではそのいずれもが跡形もなく消え去ってしまっている。

一方、自民党の政権への復帰後は、「成長戦略」に見合うとされる産業や科学技術が新たに実質的な進歩主義の担い手と考えられるようになってきている。こうして、新たな進歩主義は、その内容を無節操に取り替えながら、耳触りのいいフレーズでもって、人々の政治的判断にも影響を与えている。

旧い進歩主義は、人権、自由、平和など固い内容をもった規範を含んでいた。当時それらが時代の趨勢だというように「進歩主義的な」正当化がなされたが、そうした進歩主義はいまではすっかり軽蔑語となった。しかし、かつて進歩主義の名で擁護された諸価値は、進歩の趨勢などを当てにしなくても、それ自体で擁護されるべき価値を有すると見ることも十分可能である。むしろそれらの「進歩主義的な」擁護の仕方こそが、内在的価値を見失わせるものだったと言える。それに対して平成版の新しい進歩主義には、何か新しいイメージや感覚があるだけで、堅固な内容は乏しく、新しさだけが価値であるような性格を免れていない。

†進歩と進化

そもそも現在なお進歩主義が可能であるのかは、破壊的な世界大戦、全体主義、環境破壊、人間の生に関するニヒリズムなど多くの試練を経てきた二〇世紀以来の歴史を回顧してみるならば、哲学的に大きな問題であることは明らかである。ここで進歩(progress)の観念を、それと混同されやすい進化(evolution)の観念と区別しておかなければならない。

進化はダーウィンをはじめとする生物学の世界に由来する観念であり、進化は自然のプロセスであって、当然現在も進行中である。それに類したものを、人間の世界で見出すとすれば、たとえば情報技術の「進化」などがそれに当てはまるだろう。「進化」は生存競争への適応として生じるものであり、それが善か悪かというような倫理的判断とは本来関係がない（たとえば、細菌による感染症の根絶をめざして抗生物質の開発を強化していくと、困ったことにそれに耐性のある「進化」した細菌が生まれてくる）。情報技術の「進化」は速く、わずか数年まえの情報機器がひどく古く見えたりするが、そのことが何か価値的な意味を含む「進歩」だと言うことはできない。さらに念のために付け加えると、「進歩」は「進化」よりも道徳的に優位にあって望ましいということではない。両者はたんに異なるということであり、「進化」を「進歩」と同一視して促進しようとする混同が、優生学をはじめとする迷妄を生じさせた。

ところが、このような市場競争の激化から生じる「進化」をそのまま「進歩」であるように取り違える幻想が世の中には広く行きわたっていて、このことが政治にも大きな問題を投げかけているように思われる。ある時には高速道路を無料にしてエコカーで快走することが、また原子力のクリーンなエネルギーによるCO_2の削減が、都心のタワーマンションでのオール電化の生活が進歩的と考えられ、これらを加速させることが何か良いことであり、進歩的な政治であるかのような印象を与えたりしたのである。内容は異にしても、こうした技術進歩的な考え方は民主党に限らず自民党の政権復帰後の「成長戦略」などにも顕著に見出される。

†巨大リスクにどう備えるか

大震災の教訓は、むしろこうした新版の進歩主義的考え方の脆弱性を明らかにしたものだといえよう。大震災の直後に携帯電話は一時不通になったのに対し、地上電話は使用可能だったため重宝され、今では少なくなった公衆電話に長い列ができた。高層階の揺れの大きさや、電力供給が断たれた場合の困難が明らかになって、オール電化のタワーマンションでの生活に不安がよぎった。灯油やガスが見直された。民主党の高速道路無料化政策によって、根拠なく時代遅れとされかけていた船舶が、救助隊や救援物資の輸送に大きな働きをした。震災直後、道路交通はガソリンや軽油などの深刻な供給不足によっても混乱したが、それを救ったのは船舶と鉄道貨物による石油輸送だった。

このように見てくると、自然の大災害のほか、経済恐慌、戦争、テロなど、何が起こるか予測できない危険に社会がさらされていることを考えるならば、エネルギーにしても食糧や交通運輸にしても、危険に対してできるだけ複数の対処の可能性が残る社会を維持することが、相対的に安全であると推論される。もちろんすべての可能性を残すわけにはいかないにしても、将来性があるとされる成長産業に肩入れしてそれ以外を不要とするならば、不測の事態に遭遇したさいの危険は大きくなるだろう。

高度経済成長期に子ども時代を過ごした筆者のような世代の者にとっては、自然力から石炭へ、石炭から石油へ、そして原子力へ、というエネルギーの進歩の方向が常識として長く刷り込まれてきた。しかし、そういう進歩の常識を信じた者にとっては意外なことに、その後石油価格高騰によって、世界の発電を支えるエネルギー資源の割合は、石炭が石油を大きく上回るようになった。石炭火力には、硫黄酸化物の発生などの問題があるが、われわれの社会が今も石炭に多くを負っていることは否定できない。決定的な資源がない以上、石炭から再生可能エネルギーまで、さまざまなエネルギー資源をつなぎ合わせて何とか凌《しの》いでいくことがおそらくは現実的であろう。同様に食糧や交通手段についても、多様性が維持されることが必要であろう。

†原子力の夢

原発事故問題については、本書ではこれまでほとんど触れてこなかった。その理由は、すでに多くの書物がこの問題を語っていること、私が科学技術について特段の知識を有していないこと、震災後の重要問題は原発だけではない、ということなのだが、ここで先の

「進歩主義」の問題および民主主義に関係する限りで、短く触れておきたい。

原子力開発は、「科学の可能性は無限に開かれている」「科学によって人類を解放する」といった、一九六〇年代頃の科学の夢を今に思い起こさせる。とくに核燃料サイクルの開発は、産業化以後の人類のエネルギー枯渇への恐れを永遠に解消するものだと期待された。実際この頃、長く日本のエネルギーを支えていた炭鉱は、その不能率や深刻な事故、激しい労働争議によって終末を迎えており、原子力は積年の資源問題に最終的な答えを与えてくれる希望と見られて当然であった。

しかし日本で原子力発電が実用化された一九七〇年代には、科学技術が自然の破壊や、ヴェトナム戦争のように殺戮目的で用いられたりしていることが意識され、科学に託された夢はやがて輝きを失っていくことになる。かつての原子力開発の夢は、今では何か「古くなった未来」というような逆説的なイメージを与えるものへと変わった。

原子力開発は、たとえ民間の電力会社によって原発が所有され経営されるとしても、その開発規模や事故のさいのリスクの大きさのゆえに国家の政策としてしかありえない。政府の巨大プロジェクトに依存し、人類の夢を一挙に実現することを謳うようなタイプの科学(かりにこれを「ユートピア的科学」と呼んでおきたい)は、疑わしいものになっていった。

その後の科学技術の方向は、生活の便利さに寄り添うものに重点を移し、コンピュータを用いた情報技術も、中央集権的な大型コンピュータよりも、各自で操作するPCをつなぐネットワークとして普及していった。一方、先の「ユートピア的科学」には、安全上、倫理上また民主主義の観点からも、さまざまな問題が持ち上がってきた。

チェルノブイリの原発事故（一九八六年）は、末期の共産主義政権下で、また安全上問題のある型式の原子炉での無謀な出力低下実験のもとで生じた大事故であって、日本では同じことは起こりえないと言う弁明には一理あったかもしれない。しかし日本でも、下請け労働者に対する杜撰な安全管理がもとで生じた東海村の核燃料加工施設での死亡事故に加え、福井県の「もんじゅ」の致命的な事故によって核燃料サイクルの実現の見通しが立たなくなっても、なお原子力政策を転換することができなかったことに問題があった。「頂上」への到達が間近であることを信じて、頂上の天候が激変したにもかかわらず「八合目で引き返す勇気」を持つことができなかった。

†人間の能力の有限性に見合う政治的合意

もっとも、原発を停止したあとのエネルギー事情の前途が明るいなどとは決して期待することができない。原発の代わりに再生可能エネルギーを明るい未来として描くのはおそらく楽観的にすぎるし、それを時代の趨勢だとするのは、中味を取り替えた進歩主義の反復になってしまうだろう。

小規模で代替できるところから再生可能エネルギーにしていくということ自体は、ローカルな経済単位の自律という点でも、望ましいことだろう。しかし、再生可能エネルギーで賄える電力量は、現在の日本経済を維持するために必要な膨大な電力量に比べれば、比較的小さな割合にすぎない。エコな発電として称揚される太陽光発電も、発電量を上げるために巨大なメガソーラーを建設するとなると、森林の伐採など別の環境問題を引き起こす恐れがある。また長期的には生産や消費を小さなエネルギーで賄えるものに根本的に変えていく必要があるとしても、現時点でのエネルギー供給の急な縮小は、経済活動の混乱と生活の危機を招くだろう。

再生可能エネルギーを唱道する議論は、それらを原子力や石油などの既存のエネルギーと対比して、「自然」対「人為」の二項対立図式に置くことがある。たしかに再生可能エネルギーは埋蔵量が尽きるわけではない点で異なっているが、だからといって人為的なもののリスクから免れるわけではない。たとえば風力発電でも、超音波障害の訴えがあるほか、プロペラの落下事故がかなりの頻度で生じている。再生可能な自然力から電力を得る場合でも、自然力を人間が利用可能な力に変換する過程で科学技術に負わねばならないのであり、そこには人為の限界や科学技術のリスクが伴っているわけである。

このように、脱原発の道を選んだ将来が明るいと期待することは困難である。脱原発後のエネルギー供給や環境問題を過剰に楽観視し、その反面今回の原発事故の将来的影響を過大に見積もっているとする、原発推進派による脱原発派への批判には、正直に言ってかなり納得できるものがあると私は感じている。しかし、こうした推進派の議論が当たっているとしても、それが原発の再稼働を正当化する根拠になるかというと、そうは言えないのではないか。今度の原発事故は、福島県の住民を中心に大きな被害をもたらしたが、それでもなお、風向きなど偶然的な事情が幸いして、放射線による直接の死者を出さずに済むという幸運に恵まれた。当然今回よりも偶然が不運に作用したり、またより巨大な地震が襲ったりすることも考えられるが、そうなった場合に原発事故による被害を限定して見積もることはできない。

結局、今後ずっとエネルギーに制約されることを覚悟のうえで原発を断念する決定をし、企業でも家庭でも節約に努めながら、原子力以外の既存のエネルギー資源を複数組み合わせてエネルギー枯渇のリスクを抑えるとともに、再生可能エネルギーを補助的に使うことでなんとか凌いでいく、というのが最善の道だと考えられる。そのためには、膨大なエネルギーを要する公共事業や企業の事業（たとえばリニア新幹線建設）などは再考すべきであろう。「ユートピア的科学」が一挙に解決してくれるような未来はない、という認識を共有したうえで、将来の社会について人間の能力の有限性に見合う政治的合意を見出すことが必要だろう。

†民主主義と原子力開発

この問題の最後に、民主主義思想の観点から、原子力開発と民主主義が両立する条件があるのかどうかを簡単に検討したい。民主主義の基本が熟議と同意であるとして、日本の国政選挙で、原発再稼働を主張しマニフェストに掲げる政党が圧勝した場合（自民党の政権復帰で実際そうなっているといえるが）、原発再稼働は民主主義的に問題なく正当化されるかどうか、という問いである。

この問いについては、原発に限らず、第6章の政策の項でも検討したように、特定地方に著しく大きな損害をもたらす可能性のある事案を、全体の多数決で決められるか、という民主主義論上の問題が存在する。もちろん原発のリスクはその立地する地域にとどまらないが、巨大な原発事故であっても、ひとしなみに日本全体が破滅するわけではなく、予想される被害は不均等である。このような大きな不公平を引き起こす原発の建設については、現地の同意なく決定することは民主主義に反すると見るべきだろう。

では現地が同意すればそれで問題はないのか。現実にはさまざまな補償や補助金と引き換えに、地元自治体が一部の反対運動を抑え込んで建設に同意するケースが多い。しかしこのような地元自治体の合意にも問題がある。原発事故のリスクは、均等に分布するわけではないが、一ヵ所に局限するわけでもない。また原発から同心円状に被害の濃淡ができるとも限らず、地形や風向きなどによって、どのように被害が広がるかが一定していない。したがって、原発が立地する自治体が賛成しても、隣接する自治体が反対する正当性は存在し、どの範囲まで合意をとるべきなのかが手続的に困難を極めるだろう。しかも、原発事故による被害は国内に限られず、近隣諸国をはじめとする諸外国もまた利害関係者（ステイクホルダー）の資格を有すると見るべきだろう。

こうして、原子力をめぐる民主主義的プロセスは多大な困難を抱えている。原子力開発は巨大な国家的プロジェクトとして集権的な管理を必要とし、またテロの標的になりやすいことからも秘密の領域が拡大して、民主主義が求める公開性と矛盾することが多い。こうしたことを満たそうとすれば、独裁的政治の強行になるか、さもなければ決められない政治になって迷走するか、どちらかになる危険が大きい。

一方、戦後日本の政治において、この困難な原発政策は中央と地方の格差を埋める一定の政治的役割を果たしてきたとも言える。大都市と地方とはそれぞれ全く別の意味で原発に依存してきた。言うまでもなく、大都市は原発で作られる電力の消費者として利益を得るとともに、原発が立地する地方は危険を負担する代わりに補助金を地域開発の財源として利用してきた、という関係である。このような関係ができたのは、中央と地方の経済格差が深刻となった高度経済成長後期、ちょうど原子力発電が本格化した時期に合致していた。

日本の大都市は地方出身者を迎え入れることで膨張してきたが、大都市内部での世代交代が進むにつれて、地方との親近的な関係は薄れ、大都市と地方とは相互に疎外し合う関係へと移り変わってきた。大都市の多くの住民は、実際には電力や水や食糧の供給地として地方に依存しながら、そのことは意識されず、地方は自分たちの支払う税金が補助金としてつぎ込まれている地域としてしか映らなくなってきている。原発は、相反する利害の結び目となって、両者をうまくつなぎ合わせてきたように見えた。大都市と地方のあいだの民主主義的合意の欠如を、原発は埋めてくれていたのである。

もちろんそれが可能であるのは、原発が決して大事故を起こさないという根拠のない前提のもとでのことであった。その肝心な前提が失われた今、復興への努力がなされる一方で、大都市と地方との利害の対立がいっそう顕在化する局面が現れている。福島の人々に対する大都市住民の差別感情が、反原発的な意見のなかにときとして見え隠れするのも、こうした民主的合意の欠如を背景とするものだろう。必要なことは、原発に頼ることなしに地方が生きていく道を、大都市が応援することである。そうしたことに現実的可能性がないわけではない。たとえば原発の中心立地のひとつである福井県の敦賀市は、関西都市圏への中国、韓国などからの海の玄関としての役割が期待されている。

第9章　知の変容と民主主義

†民主主義は市民の知的能力の向上を必要とするか

今日の民主主義は、おそらくこれまでにないほど、知識とりわけ学問的知識に深く依存した政治のシステムであると言うことができよう。それはある意味では政治の知的レベルが向上したことだと言えなくもないが、同時に民主主義が知識の助けなしでは機能しえず、知識から逃れられなくなったということでもある。民主主義には当然、政治体を構成するメンバーの一定の知的能力が前提とされてきたと言えるが、今日のような知識の深い関わりは、ガヴァナンス概念の導入など、近年の民主主義の質的変化に対応するものでもある。こうした知識形態の変容が、民主主義にどのような可能性と問題をもたらしているのかを検討することが本章の課題である。

まず民主主義と一般的な知識水準との関係を、歴史的に簡単に振り返っておこう。民主主義（民主政）は、モンテスキューも『法の精神』のなかで言っているように他のいかなる政治形態よりもその成否が成員の資質の如何にかかっている政体であり、それゆえに民主政では教育が重要な役割を果たす（専制政治では逆に国民が愚かな方が支配者にとって都合がいい）。もっとも、民主政に必要とされる成員の資質は時代によって異なり、モンテスキューは、この点ではルソーとも共通して、知的能力よりも、公共心とほぼ同じ意味をもつ「徳（vertu）」が必要だとした。

一方、現代フランスの著名な人類学者エマニュエル・トッドは、歴史学者の研究をもとに基礎的な読み書き能力（識字率）の向上が、民主主義の普及を促す最も重要なファクターであると主張する（トッド 二〇〇九）。たとえば、フランス革命やロシア革命のような過激な革命は、識字率が全国民の三分の一を超えた段階で発生し、三分の二を超えると民主化はこのような革命には頼らなくなるという。このようなベーシックな知的水準が達成されると、高等教育の水準（大学進学率）が民主主義の性格に影響を与える。一九六〇－七〇年代のラディカルな学生運動は、大学教育の大衆化が始まった頃に生じている。

しかし、今日では先進諸国において大学進学率も飽和化し、教育水準がなお一層高まればより質の高い民主主義が実現するという期待も疑わしいものとなっている。先に紹介した熟議民主主義の潮流は、市民の知的能力の向上を前提とするとともにさらにその向上を促そうとするが、しかしこれはかならずしも成功しているわけではなく、争点の単純化や政治の感情化を特徴とするポピュリズムや反知性主義によってしばしば脅かされている。

他方、「アラブの春」をはじめとして新興国で近年相次いだ民主化運動は、知的水準の向上と民主主義の発展の関係を裏付けるものかもしれない。しかし、それらも西欧が考えるような道筋をたどるとは言えず、先行きの不透明さが増大している。こうして民主主義と知識のあいだに、進歩主義では説明のつきにくい新しい問題が生じている。

†民主主義に関わる知の性質

そのためには、単に知的水準の向上ということだけではなく、民主主義に関わる特有な知識の性格とその種類を明確にしてみることが必要だと思われる。

まず第一種の知識として、政治の各領域やイシューにそれぞれ関係する「専門知」が挙げられる。たとえば科学技術政策（がん治療、遺伝子組み換え、原発政策など）について検討するためには自然科学の知識が必要になり、金融政策の有効性について議論するためには経済学の知識が必要である、といった事柄である。

このような専門知については、専門家とそうでない一般市民という対立構図が生じるのが通例である（後述）。一般にこのような関係では知識量において優れる専門家が優位な立場にあるが、専門家が失敗することも、たとえば原発事故にみるようにまれではない。そのため、市民からの専門家への不信が生じることも多い。最近の民主主義をめぐる議論では、このような科学（専門知）と民主主義（公共性）の対立面をどうすればよいのかが、大きな問題として浮上している。

第二に、より特殊に政治に関わる知が存在する。政治そのものを対象とする専門知としての政治学（political science）である。政治学の多くは、アメリカの影響を受けて第二次大戦後あたりから科学化の志向を強め、選挙分析など実証科学としての政治学を目指している。政治と呼ばれる事象（事実）の科学的研究と、あるべき政治についての実践的提言との関係をどのように考えるべきかは、政治学者のなかでも意見が一致しているわけではないが、二〇〇九年の政権交代時のように、実践的な政治提言をする政治学者も多い。

第三に、専門知としての政治学とは異なる、いわゆる市民向けの政治的知識を挙げることができる。これには政治評論その他雑多なものも含まれるが、そのなかで一時話題になり、その後も一部で期待されているものに「公共哲学」「政治哲学」などと呼ばれるジャンルがある。ハーヴァード大学の教授で、来日もして人気を集めたマイケル・サンデルの「白熱教室」はその一つの実践例である。これは哲学や倫理学の応用分野なのか、それとも政治学の思想分野の看板の掛け替えなのか、学問の性格について明確な合意ができているわけではなく、そんな学問が成り立つかどうかさえまだ不確実である。ただ、第二の政治についての専門知とは明確に異なり、関心のある者は専門知識がなくても誰でも議論に参加することを歓迎する、という理念を掲げていることが多い。それゆえ知の振る舞い方という点からは、民主主義にとってもっとも関係の深い知識であると言うことができる。

民主主義に関心を持つ人々が、このような性格の異なるさまざまな知識と、どのように接しているのかは興味深い問題である。日本の初等中等教育において、正直言って政治や民主主義に関する教育が熱心に行なわれているとは言いがたい。教える側にはあまり確信がなく、学ぶ側が意欲を持つこともまれである。大学入試でも地理や歴史の諸科目に比べて、いわゆる「公民科」が重視されているとは言えず、大学入学後も政治を専門で学ぶ学生以外は、軽く一般教養として通過しているのが実情である。

戦後日本では長く「戦後民主主義」の思想が教育の基本としてあったが、その内実がまじめに検討されなくなっているために、空洞化が進行しつつある。最近になって、政治改革や憲法改正論議などを通して、こうした政治についての知識の不足や空洞化に危機感が出てきたことも、「政治哲学」のような知に期待が寄せられる理由のひとつになっていると思われる。もっとも「政治哲学」などが意図された成果を挙げているかというと、政権交代後の政治の失敗をみても疑わしいと言わざるをえない。民主主義と知識の関係について再考が必要なゆえんである。

†冷戦時代の現実政治と知識人

このように、現代では一方で政治と専門知の関係が深まるとともに、他方で民主主義を運営するために必要な市民の知識という点では深刻な欠如が生じているといった複雑な様相が見られる。ここではまず前者の、政治（民主主義）と専門知の関係がなぜこのように深まってきたのだろうか、という点について考えてみたい。ここには政治や民主主義を取り囲む文化（生活様式）の変化がやはり見て取れると思われる。

冷戦時代には政治と（政治的）知識は、現在とは明らかに異なる関係にあった。とくに日本の五五年体制では、多くの知識人たちにとって、現実政治とは直接関わらず、それと一線を画することが知識人の存在意義だと考えられていた面がある。戦中に国策に協力して志を歪めた社会諸学の苦い経験があった。また政治が長く保守政党によって掌握され、「革新」側に現実的な政権獲得の可能性が乏しかった状況において、知識人にとっての「政治」とは体制批判をして将来のあるべき理想社会（多くは社会主義）の到来に備えることであった。現実の政治への関与は、多くの知識人が批判的だった保守政治への党派的加担を意味した。こうした関与をする知識人には「御用学者」というような否定的イメージが与えられることも珍しくなかった。

またこの時代には、政治の知識とは学問知などではなく、政治家志望の者がたとえば政治家の秘書などになって奉公をすることで実地に身につけるべき知識とされていた。それに対して政治学や政治思想の知などは、政治家から見れば「世間知らず」の知であって、一般に現実の政治には不要かつ有害なものと考えられていた。知識人の側からしても、現実の保守政治は何か霧に包まれた、理性で見通せない不透明な世界（「黒い霧」は政界の汚職や陰謀の隠喩だった）であり、学問的知識が貢献すべき領域だとは認識されていなかった。

知識人にとっての政治的な知とは、マルクス主義者に典型的であるように、体制批判の知であり、政治を外部から批判する知だった。この点では、冷戦構造で国内が二分されていないアメリカなどで、知識人の政治参加が盛んだった（革新主義の時代からの伝統があり、とくにケネディ政権で顕著に見られた）のとは対照的であった。

†政治と学問が互いを求め合う背景

そのような政治と学問を遠ざけていた条件は、冷戦の終結によって大きく変化することになる。冷戦を映した国内冷戦の敵味方の構図（保守対革新）が崩れ、知識（学問）の側から働きかけることによって、政治権力を、敵側のものではなく「われわれの権力」へと作り替える希望と現実性が生まれたからである。

また政府や政党の側からの、学問的知識への需要が飛躍的に高まった。政治家や官僚、財界など支配層自身が、自民党一党支配の行く末に不安を感じ、日本政治のオールタナティブの可能性について知識人に意見を求めるようになった（「臨調」その他政治・行政改革の文脈）。それに加えて、より日常的にさまざまな場面で行政や政治家が学問的知識と関わらなければならない状況が生じた。それは新自由主義とともに浸透した「説明責任」の考え方と関係がある（後述）。グローバルスタンダードが導入されたこともあって、中央政府も地方自治体も男女共同参画、バリアフリーなどの推進を求められるようになり、また環境や科学技術政策、セキュリティ対策（自然災害、感染症、コンピュータ関係）などについて市民の理解を得るために、政府は絶えず学識者の意見を求めることが必要になってきた。

一方、大学など知識を供給する側の状況も大きく変わった。たとえばかつては大学は企業など社会の諸利害から独立を保つことが真理探究のための条件であるとされ、大学と産業界との協力を意味する「産学協同」は悪いイメージを持つことばだった。それが今では大学は社会から孤立すべきではないとされ、産業界と「産学協同」して商品やサービスを開発することが社会貢献として要請されるようになった。もちろん産業界だけでなく、政治や行政とも協力して、大学などの研究者が政治（民主主義）を良くするために知的貢献をするのは当然だとされるようになってきた。

こうした変化には、学問は社会の役に立つべきだという理念的な理由だけではなく、より現実的な理由、すなわち財政が困難な時代に大学や研究者が研究費を調達するための正当化という理由があることも否定できない。国公立の大学でも研究費を主に税金で賄うことは不可能となり、企業などの外部資金に依存する割合が高まった。大学がその研究予算を学生の授業料、公費（税金）、企業などからの寄付（外部資金）のいずれに依っている場合でも、自らの研究成果を社会に還元することが大学の社会的存在理由の正当化として絶えず求められるようになった。大学の「象牙の塔」というような旧いイメージはすっかり過去のものとなり、学問の世界内部でもこのような社会貢献が奨励され、外部資金を獲得できるかどうかが研究者の受ける評価にも大いに関係するようになった。

民主主義と知識の関係の変容には、ガヴァナンスという考え方が持ち込まれたことが決定的に影響している。ガヴァナンス概念は今では説明を要しないほどに普及しているのだが、このような概念を用いるようになった理由はわかりにくい。もともと政治や行政は

「統治」することが当然だが、この概念はむしろ経営学で論じられるようになった「コーポレイト・ガヴァナンス（企業統治）」から逆に政治や行政に持ち込まれている。このような新しい見方によれば、企業も都市も、大学も病院も、社会のさまざまな組織がそれぞれ自らのガヴァナンスを有している。良きガヴァナンスの要件を満たすためには、外部の視点を導入することが必要とされ、外部監査や外部評価が求められるとともに、関係者に対してアカウンタビリティ（説明責任）を果たすことが必須とされている。

政府だけでなく非政府領域がガヴァナンスで満たされるようになったのは、新自由主義の皮肉な帰結のひとつだろう。新自由主義にとって、市場が自由なのに対して政府は強制（不自由）の領域であって、縮小すればするほどよいはずなのだが、先述のように政府規模を縮小しても公共的機能自体は減らないから、民間がその機能を担うことになる。そうした機能を担うためには、公的私的を問わずそれぞれの主体が専門知識に依拠することで自らのガヴァナンスを正当化することが必要になった。奇妙なことだが、新自由主義の時代にあっては、自律するということは、他者に判断され評価されるということを意味する。

こうして、先に挙げた三種の政治的知識のうち、行政の市民に対する説明責任の文脈で、特定の政策に関する専門的知識が、政治家や公務員の側にも、また参加する市民の側にも必要とされるようになった。つぎに、政治制度（選挙制度、行政制度など）自体の改革に関して二つ目の種類の政治学的な知識が政治に深く関与し、さらにそれに加えて、最近では「公共哲学」「政治哲学」などと呼ばれる三つ目の種類の知もまた、何らかの知的貢献を期待されているように見える。先に触れたようにアメリカの政治哲学者サンデルの講義が日本でも一時的ではあれ人気を博したり、大学の講座にこのような名のものが置かれるようになったりしているのは、こうしたタイプの知にもそれなりの需要があることを示している。

†専門家vs.市民

このような政治に関わる性格の異なる知は、民主主義に関してそれぞれ異なるポジションに立っている。最近とくに原発問題や食品の安全問題など科学技術政策をめぐって、行政に関与する「専門家」と「市民」とが対立する構図がしばしば生じている。理念としては、専門家が提出した知識やデータをもとに、行政と市民とが熟議を繰り返し、望ましい結論に向かっていく、という熟議民主主義の手続きが理想であろう。しかし、このような関係では知識量において優位にある専門家が優越的立場にあるのが普通であり、両者は対等とは言いがたい。一方、専門家が失敗することもよくあり、また専門家の判断が正しいと納得するには、誤った場合のリスクが大きいために、市民側から専門家に対する不信も生じやすい事態となっている。

本書でも「市民」ということばをとくに定義することなく使用してきたが、このような対立構図において、そもそも「市民」という立場が何を意味しうるかは、明瞭とはいえない。「市民」ということばは何か特定の政治的立場を指すのに用いられることもあるが、一般的な意味での「市民」を構成する人々の考え方は当然多種多様なのだから、肯定的にも否定的にもこのことばに特定の政治的意味をあらかじめ挿入するのは適切ではない。さしあたり、ここで「市民」とは消極的に非専門家を意味するにすぎない。その「市民」が主として私的な消費者としての立場を指すのか、それとも共和主義で言われる「徳」ないし公共心を要請されるのか、などここにはつねに曖昧さが残されている。

一般的に言って、ここでの「専門家」対「市民」の構図では、両者それぞれに問題が含まれている。まず、先に触れた知識と社会の接近によって、専門家が行政や企業との協力関係を深めるケースが増えた。それは専門家が行政や企業によってその正当化のために利用されやすくなっている状況とも言え、不幸にして行政や企業の不祥事が明らかになった場合、専門家にも当然責任があることになるだろう。しかし専門家の責任は、選挙などで選ばれたのではないため問われにくく、そこに市民の不信感が増大する理由のひとつがある。

他方、いわゆる市民の側は、専門家が提出するデータや判断を疑おうと思えばいくらでも疑えるのであり、はじめからそういう態度で交渉に臨むとすれば、理性的な熟議を望むことはむずかしい。こうして新たな権力と知の複合体であるガヴァナンスのシステムは、その正当性に問題をはらんでいる。

†専門家のエリート支配か、愚者のポピュリズムか

ではこの市民に必要な知識とはどういう性格のものだろうか。それは「専門知」と異なる知、あるいはそれと対立する知なのだろうか。おそらく市民の側にも当該の政策に関する専門的知識はある程度必要であろう。実際、専門家集団に対抗するために、市民側も自らの立場を補強するような専門家に協力を求めることも多い。専門家のあいだの議論も、決着がついていないことがむしろ普通だからでもある。しかし専門知に関するかぎりは、やはり行政側に関係する専門家が有利であることは否定できない。その結果市民の側に反科学・反専門家的な感情が生じやすいということになる。

科学の「真理」とされるものは、科学哲学者カール・ポパーの言うように、つねに「反証可能性」にさらされなければならない。そういう意味で決して絶対ではなく、さしあたりまだ反証されていない仮説であるにすぎない。科学のこうした謙虚で相対的な態度は、

しかし非専門家からは理解されにくい。そうであるのは、科学の手続き（たとえば学会発表や権威ある専門誌への掲載）が、科学者集団には原則的に公平なルールとして共有されるものであっても、非専門家にとっては、自分たちを排除する高い壁のように思われるからである。

市民の常識の方が科学の寡頭政（エリート主義）に対して民主的だから、政治においては優先されるべきだ、という考え方もありうる。しかし市民の立場を絶対化し、熟議から科学を追放するならば、ただちに別の問題が生じてくるだろう。科学知のかわりに、疑心暗鬼ゆえに恐怖の感情が支配したり、また疑似科学やオカルト、さらには陰謀説や粗雑な終末論といったありとあらゆる「怪しい」知識が市民の常識のなかに浸透したりするならば、それは非常に困った事態を招きかねない（実際のところ、街の書店の「がん」に関する書棚の半分は、たいていこうした怪しい知識にもとづく書物によって占められている）。こうした愚かしい選択によって、小さなリスクを避けようとして、より大きなリスクを招く、といったことが考えられる。

†現代の「実践知」

このように専門知と市民の両方の側に問題が含まれている。科学的知識は、今日の政治の諸問題を考えるうえで不可欠であり尊重されるべきなのだが、科学によって導かれる結論が、そのまま民主主義的合意となるわけではない。科学と政治（民主主義）とは、異なるルールに属する実践であり、民主主義が配慮すべき事柄は科学的な正しさに尽きるわけではないからである。しかし、では、科学の知と区別された市民の知とは何であるべきかを積極的に語ろうとすると、さまざまな困難に直面する。

政治的な思慮を厳密な学問知から区別しようとした最も旧い先例としては、アリストテレスによる「実践知（フロネーシス）」を挙げることができる。アリストテレスによれば、政治のように自然必然性が支配するのでない「他でもありうる」行為の領域では、あまり厳密な知識を求めるのは、かえって好ましくない。そしてフロネーシスは机上の知識ではなく、政治的実践とともに身に付くような経験知であるとされていた。「公共哲学」の立場のなかには、こうしたアリストテレスの実践知を継承しようとするものもある。

このような考え方には魅力があると私も思うが、しかしアリストテレスの時代とは異なり、今日では日常生活に科学技術が深く浸透し、政治の多くのイシューが科学技術と関連しているために、われわれは科学的な知識抜きに政治的な判断ができなくなっている。自然科学的知識以外にも、経済や法律の専門知が政治の判断に求められることも数多い。そのため、「常識」に近い市民の実践知だけでは政治的判断は困難であり、専門家の学問知が導入されることは避けがたい。専門知に尽きない何らかの知が必要であるという意味では、アリストテレスの言う実践知は貴重なものだが、そのままでは現代に必要な市民の知識を満たすには不十分である。

市民もまた科学や経済、法律などに関する基礎知識を有することが、この複雑な社会で政治判断を誤らないために、いっそう必要とされてきている。そのためには、高校までの基礎教育や大学での教養科目などが、この目的のために役立っているかどうかを検証してみる必要があるだろう。また時代とともに変化していく科学の専門知を一般市民向けに解説するインタープリターの役割が重要となり、これは文科系においても必要となるだろう。

そのうえで、市民として有すべき、専門知とは性格の異なる実践知が要請されるだろう。たとえばそれは、一方では正義や公平について考えられる諸原理に関する知識、他方で実際の具体的なケースにおいて、原理がどのように適用できるか、その限界はどこにあるのかを見極める判断力、そして専門家や当事者および一般市民など相異なる立場からの相異なる意見に耳を傾け、場合によっては妥協点を探り、原理と実際とのあいだを行き来しながら（ロールズが「反省的均衡」と呼ぶプロセスが参考になる）決定へと向かう努力、こうした実践と知との結合が現代の実践知と呼ばれるにふさわしいものであろう。このようにして専門家と市民の不幸な対立的図式を崩していくことが必要である。「公共哲学」的な知がもし可能であるなら、それには専門知と市民のあいだを媒介する役割が期待される。しかし、このようなことが本当に可能なのだろうか。これは専門家、大学やその他の学校の教員、当事者、政治家、市民運動家等々に、実際にはありえないような能力と努力を要請するものではないのか。誰が、いかなる動機から、自らの利益や感情を抑制してこのような知的活動に喜んで参加するのだろうか。民主主義に必要な知識に関して、楽観的な展望を持つことは困難である。

しかし、現代のように非常に複雑化した社会で、民主主義をまじめに考えるならば、こうした努力を欠くわけにはいかない。それが欠けるところでは、民主主義は専門家のエリート支配に移行してその実質を失うか、あるいは愚者のポピュリズムの天下になってますます信用を失うかすることになるだろう。そのような困難な分岐点にわれわれは立っているともいえる。

†ネット社会化と知識の変容

こうした民主主義と知識をめぐる問題は、最近のネット社会化によって、知識の形態が大きく変化していることにも当然影響を受けている。知識のどのような面がとくに変化したのだろうか。商品の世界に生産過程と流通過程があるように、学問的知識にもその二つの過程を区別するならば、近年大きく変化し重視されるようになったのは知識の流通過程の方である。たとえば哲学のような難解だと思われてきた学問も、今では「わかりやすさ」が求められることで、その伝え方のスキルに力が注がれるようになった。またいずれの学問も国際的な通用力を強化するという要請のもとに、とりわけ英語で表現することが強く求められるようになってきた。

かつて学問が難解さゆえに尊ばれる傾向があったのは、それ自体は権威主義的で不毛であった。しかし、真に独創的な知見は、しばしば一般には受け入れられにくい性格をもつこともまれではないゆえに、わかりやすさと通用力ばかりが重宝されるというのも問題がある。また直接には実用性と関係はないが重要な研究も存在する。そうした通用力や商品価値が乏しいがしかし貴重な研究をどのように維持していくかを考えなければならない。

知識の流通形態の変化を促した背景には、言うまでもなく、情報機器とインターネットの飛躍的な進化と普及がある。それによってもたらされたことのひとつは、知識が容易に検索されコピーされるようになったことである。近年大学教員を悩ませていることのひとつは、学生の期末レポートや卒業論文に、ネット上の文章からのコピー&ペーストが増え、しかも他人の文章をあたかも自分のもののように見せかけることに、学生のなかにはほとんど罪悪感をもっていない者もいるということである。自分で考えるよりも、ネット上で比較的質の高い知識や情報を非常に簡単に得ることができるようになったために、企業などの多くが、自分で不器用に考える学生よりも、他人が発信した知識や情報を器用に集めることのできる学生を評価するようになっても不思議ではない。こうして知識や情報が繰り返しコピーされて流通することにより、多くの人々がその匿名的な情報を共有することになる。

これは文章からその「著者」という概念が薄れていく現象であるのかもしれない。たしかにごく少数のビッグネームは逆に頻繁に言及されるが、そのことによって超有名人以外の匿名化が進行する。著作の権威、そして大学の権威が低下し、誰でも容易に受信も発信もできるようになって、言論世界の「民主化」や平準化がもたらされている。

†無責任なネット言論

つぎに、ネットによって空間的な意識の隔たりが乗り越えられ、遠く離れた直接に利害関心の乏しい事柄にもユーザーが反応するようになった。このことも両義的に作用するだろう。それは一方で、従来のメディアでは拾われなかった声を拾うことを可能にし、これまでマスメディアによってはその声を聞かれることのない孤立無援の状態に置かれた人々に救済の手を差し伸べる道を開いた。当事者とは知り合いでもなければ利害関係もない人々との交信が可能となり、その結果、たとえばボランティアが広汎に行なわれる条件が作りだされた。

しかし他方で、利害関係もない者が容易に参入できる状態は、地域や職業など当事者の事情についての知識も持たない者が、不適切な発言をすることで当事者を無用の混乱に引き込む状況を招く。被災地で対策に追われる自治体職員に対して、関係のない第三者による非難が殺到して業務を妨げることがある。発言の動機はしばしば個人的な怨念など、対象と直接関係ないものであったりする。

ネットは見当違いの正義感を振りかざしたりするのに好適な機会を与える。利害関係がなければ意見を言うべきでない、ということではもちろんないが、意見を言う以上は、それだけの知識や根拠、責任感を伴うべきなのは当然である。当事者は、そうした配慮を伴わないその場かぎりの無責任な言動によって当惑させられ、ネットの言論によって監視されている恐怖を感じるような事態が頻発している。

「政治哲学」「公共哲学」の需要が高まる社会は、実はこのように、利害関係はなくても何か他人を批判したり正義を主張したがったりする人々が溢れる社会とその背景を共通にしている面がある。もちろん、「政治哲学」は、そうした意見の理論的根拠を再検討することを使命としてはいるのだが、そのような反省的（再帰的）能力の必要性が多くの人々に理解されているとは言いがたい。

†インターネットと民主主義

ＩＴ（情報技術）の利用拡大が民主主義にどのような影響を与えるかを検討することは、情報の専門家に委ねるべきであろうが、民主主義思想の限られた視角からここで簡単に触れてみたい。ネットは民主主義が作用する知的環境を大きく変えたために、それによって民主主義が大きな影響を受けていることはたしかであろう。その影響を肯定的にみるか否定的にみるかで評価が分かれている。

しかし私はこの新しいメディアの開く可能性については以下のように限定的なものだと考えている。民主主義にとって、これまで原理的に可能だが技術的に不可能と考えられてきたことを、ＩＴが可能にすることはありうる（膨大な数の意見を短時間に集計することなど）。また逆に、これまで原理的には憂慮すべきことだが、技術的に起こりえないために杞憂とされていたことが、現実の脅威となることもありうる。しかし、民主主義にとって原理的に困難な問題を、ＩＴがそれだけで解決するということはおそらくない。原理的問題は原理的にしか解決することができない。

民主主義がはじめて大衆的規模で行なわれるようになった一九世紀中ごろに、フランスの思想家トクヴィルはアメリカに渡り、著者『アメリカにおけるデモクラシー』のなかでジャクソン時代の草の根民主主義の印象を記している。

トクヴィルが見出した民主主義の意義はかなり複雑なものだが、現代的観点から簡単にまとめるならば、以下のように言い表せるだろう。それは、①自由（国家の専制や、当時のフランスにおけるような極度の中央集権からの自由）、②平等（誰もが発言や参加ができる）、③コミュニティ（資本主義社会に生じがちな孤独に対し、人のつながりをもたらす）、というような点である。他方、トクヴィルは、このような大衆的な民主主義が、④世論を画一的なものにし、「多数者の専制」を引き起こしがちなことも指摘していた。トクヴィルによれば、独裁的支配者の専制とは違って、世論の圧力は強制として認識されにくいために、いっそう問題なのである。

現在、ネット時代の民主主義で生じているのは、このようなトクヴィルの両義的な民主主義の認識を、さらに極端化したものではないかと思う。ネット上の言論は、①政府による監視や統制を逃れる自由を生みだし（政府が統制しようとしてもなかなか効果は上がらない）、②誰もが好きに意見を言えることで権威の衰退と平等化を帰結し、③そしてネット上の仮想的なコミュニティを形成し、空間を超えて連帯を作るのに役立っている。

さらにネットはマスメディアにあまり出てこない、比較的マイナーな世論が存在することを知らせることがある。二〇〇九年の政権交代時に、新政権支持に浮足立っていたマスメディアに対して、ネット上の世論は比較的醒めていた。マスメディアの意見がすべてではない、ということを認識させたのはネットの功績である。

しかし、④ネット自体が不寛容な強制として働くこともしばしばある。突然、特定の意見への一斉同調が発生したり（カスケード）、いわゆる「炎上」のような攻撃が起こったりすることはよく知られている。ネットがこれまでのメディアよりもはるかに多くの選択権をユーザーに与え、ユーザーが自分の好みの情報をセレクトすることができることによって、異なる意見をあらかじめ排除し、同じような政治的傾向をもったエンクレーヴ（囲い込み地）が形成される。そのなかで意見が交換されることによって、意見が当初よりも過激化していく傾向があることが指摘されてきた（サンスティーン 二〇〇三）。

これは民主主義に必要な、異なった意見が出会う公論の空間とは相容れない性格のものである。最近、「ネット右翼」など過激な排外主義的言説が歯止めもなく暴走しているのも、おそらくこのような環境の変化が作用しているのだと推定される。

†「言語を用いる動物」としての実践

以上検討してきたように、現在の民主主義の可能性や困難は、知のあり方と深く関係している。こうした知のあり方についての検討を欠いたまま、政治に大きな期待をしてしまうと、政治の劣化が生じる危険性が高まる。いま民主主義の信頼回復のためには、いかに迂遠に見えても、人々が何をどのように知ればよいのか、を根源的に考え直すことが必要である。アメリカの著名な政治哲学者マーサ・ヌスバウムは最近こうしたポピュリズム政治への危惧から、「教養」の重要性を説いているが、私としては「教養」という古いことばで意味されるものを「教養」ということばを用いずに考えてみたいと思う。

まず、世界と言語の関係について考えてみよう。人間の場合、他の動物と異なり、主として言語を用いて世界を認識する。これは人間の労働や生活には文化が介在するということでもある。

世界には自然物や人工物の世界、そして人間間のコミュニケーションの世界など、性格の異なるものが含まれるが、このうちの自然物の世界についてさえ、人間は文化を媒介せずに自然を認識することは不可能である。たとえば「自然」という概念それ自体は、自然ではなく文化に属する。日本語の「自然」ということばが指し示すものは、英語の nature が意味するものとは部分的にしか重ならず、完全に一致するわけではない。そういう意味では、世界は言語（文化）によって成り立っているということになる。政治もまた、旧くはアリストテレスが看破したように、「言語を用いる動物」としての人間に固有な実践なのである。

たしかにこの点はアリストテレスの言うとおりである。政治は暴力を伴うことがあるが、その場合でも同意を得るという言語的実践抜きには関係を構築できるものではない。民主主義にとってはいっそう言語を用いるプロセスの重要性が当てはまる。民主主義は経済や富の成長の関数に尽きるものではないし、また暴力的な階級闘争のみによって実現されるものではない。六〇―七〇年代の高揚を最後に政治の舞台から去った主流派のマルクス主義の欠陥のひとつは、人間のこのような言語的、コミュニケーション的な実践を重視できなかったことにあることも、これまでハーバーマスをはじめ多くの論者によって指摘されてきた。

†政治は言説が構成する――「構築主義」の変質

しかし、現在では、これとは逆の傾向もまた生じているように思われる。先にも述べたように、現代では知識と社会の関係が変化し、知識が社会の物質的な利害からあたかも自由にそれだけで流通するような観を呈するようになっている。この世界に利害対立がある以上、政治が利害から切り離されることはありえないのだが、「ポスト物質主義」の政治は、汚く不透明で利権に縛られた不自由な政治を刷新したいという志向を持つ。

政治学や政治思想史学で「政治の復権」が期待されるようになったのは、とくに冷戦終結後、政治を階級や利害の対立から相対的に自由なものと考える条件が整ってきたと考えられたからである。この社会は言説によってできており、政治はこの言説を変える自由な実践であって、能動的に政治的議論を組み立てることによって、社会を変革できると信じられるようになった。

しかしこうした期待がそれほど楽観的に現実のものにならないことは、やはり政治の能動性を主張した政権交代後の民主党の政治がうまくいかなかったことからも明らかであろう。こうなったのは、単に政治的リーダーシップの問題にとどまらず、知についての考え方の問題にも関わっている。政治を言説の構成物とみる理解は、人文・社会系の思想で一時非常に流行した「構築主義」という考え方から派生したとも言える。

社会科学や社会思想の領域で用いられている構築主義（constructionism / constructivism）とは、社会におけるさまざまな問題がそれ自体で客観的に存在するという素朴な見方を退に、それらを社会的な言説によって構成されたものだと考える立場と理解される。たとえばジェンダー（男女の社会的役割）やネイション（国民）というようなものは、それ自体根拠（本質）を有して客観的に存在してきたものではなく、歴史的・社会的にそれらを構成する言説によって形作られてきた、という見方である。

社会の事象へのこうした接近法は、もともと一見確固として存在しているように見えるもの（たとえば「男らしさ」「女らしさ」「日本人らしさ」）の根拠を疑い、それらを脱神秘化することによって、強固なアイデンティティに囚われた生き方を相対化して、他でもありうるような可能性を見出すことにそのねらいがあった。言いかえれば、構築主義は固定的なものの考え方に対する批判、それからの自由を目指す思想を背景としていたのである。

当初は現状のものの考え方を固定化するのを批判し、他でもありうる可能性を問うために用いられた構築主義は、次第にその働きを変化させていったように思われる。構築主義による批判が有効であるのは、ネイション（国民）にせよジェンダーにせよ、「本物（不変の本質）」が存在すると信じられていた限りであり、「本物」の存在を疑わせることで固定観念から人々を自由にすることによってであった。ところが今では多くの人が「本物」の存在などはじめから信じてはいない。「本物」がなくてもあまり困ることがないような世界になったとも言える。そして人は何であれ何かを構築しないと生きていくことができないわけだから、どうせ「本物」など存在しないのならば、自由に何でも構築すればよい、という考え方になる。

国民が作られた虚構ではないかと多くの人が思うようになっても、ナショナリズムは減退するどころかむしろ力を増しているのは、われわれの力で国民を立ち上げればそれでいい、という考え方が優勢になっていることによるのだろう。こうして構築主義は、批判のための方法から、積極的な構築を目指す立場へと微妙に移行してゆき、それが「政治」の積極性への期待と結びつくようになる。

†〈政治的なもの〉の復権?

民主主義には、たとえば人民(demos)のような何らかの共同性や一体性が必要だと長く考えられてきた。しかし、今やそのような自明な一体性は存在しえないことは明らかである。かつては左翼理論において、「労働者階級」こそがこのような人民の普遍性を表現する候補だとされていた。しかし今では、労働運動が衰退したことに加えて、ジェンダーやエスニシティ、そして正規労働者とそうでない労働者のあいだの溝など、さまざまな差異が労働者という一体性を困難なものにしている。一方、国民という一体性もまた、しばしば利用されるが、その内実を見れば、互いに他人であり利害を異にする者たちの集合であることは明らかである。

このように実体的に何らかの一体性が存在しないことは、民主主義にとってマイナスなのだろうか。私にはかならずしもそうだとは思われない。むしろ民主主義の考え方のほうを変更し、一体性に依存しない思考を形成することが必要だろう。左翼の政治理論家として著名なシャンタル・ムフは、ある意味ではそのように考えて旧来の左翼を批判しつつ、しかしその上で何らかの一体性（「われわれ」の観念）がやはり民主主義には不可欠だと主張する。

ムフがこの主張で依拠しているのは、実は右翼思想家のカール・シュミットである。「政治的なもの」とは、「敵」を名指しし、それによって「友」と「敵」とを峻別する例外時の決断にこそ存在するというシュミットの有名なテーゼを引き継いで、ムフは民主主義を支える実体的な一体性が欠如したこの時代にあって、それを政治的「言説」によって構成しなければならないと説く。わかりやすく言えば、共通の「敵」を名指す政治的言説によって、「友」の内実がたとえばらばらであるとしても、そこにかりそめの民主主義的「人民」が出現することが可能になると考えるのである。

ムフのような考え方は、「政治的なものの再興」（ムフ 一九九八）の名のもとに主張され、政治への期待の増大をもたらした。かつてのマルクス主義者たちが「経済」法則の必然性に依拠していたのに対して、「政治」は言説によって「自由に」争点を作りだし、人々を結集するアジェンダを提供できるとされた。ムフに限らず、このような「政治的なもの」の復権の主張は、労働者階級をベースにした民主主義の実践が明らかに行き詰まってきた八〇年代以来、政治理論などの領域で盛んに論じられるようになった。

†「闘技ゲーム」としての政治

最近でも、とくに社会運動に期待をしたり関わったりしている若い人々に、ムフのような考え方は魅力的だと映っているようである。ムフが、民主主義は合意を形成するためだけにあるのではなく、つねに不同意や不和を作り上げていくプロセスだと考える点については、私も当たっている面があると思う。そしてムフがシュミットに依拠しながらも、シュミットとは異なって「敵」を抹殺することを求めるのではなく、一定の民主主義的ルールの枠内に敵対関係を限定すること、また「敵」と「友」の関係は固定されているのではなく、言説によって作り替えられていく流動的性格のものであるとしているのも、ムフの理論が支持される理由となっている。しかしこうした点を承認したうえでなお、政治を言説による闘技ゲームとする考え方には、弱点や危険がはらまれているように思われる。

社会運動などにおいて、効果的に敵を設定することが、それが良いかどうかは別として、運動の拡大を促進する要因となることはたしかにありそうではある（たとえば、原発反対運動における電力会社など）。そのことによって、本当はそれぞれに考え方が別々の者相互が、共通の敵をもつという一点において、「友」として結集することが可能となる。このような「友」（われわれ）の立ち上げは、名指された「敵」の存在に依存しており、「敵」

も「友」もその実体を持たない言説による構成物ということになる。それゆえに、もちろんムフのような論者も承認するように、こうした連帯には内部から解体を引き起こす可能性のある差異が含まれている。

†何のために「敵」を名指すのか――「われわれ」の虚構性と政治への信頼

一時的に連帯できればそれでもいい、という考え方はあるだろう。それが無効になれば、また新たな「敵」を創出し、それに応じて「友」をフレキシブルに組み替えればいいというわけである。しかし、問題は、絶えず敵を名指しするという政治的行為はいったい何のためになされなければならないのか、ということを説得的に説明することが困難であるという点にある。それ自体が目的であるような政治的行為というのは考えにくい。もうひとつはこうした政治的な敵味方の設定が、今の状況ではあまり持続性を持たず、少し長い期間をとって考えるならば、かえって政治への不信や幻滅を作り出すのではないかという点にある。

こうした効果的な敵の設定という手法であるならば、もともと労働組合や公務員を敵とすることで権力獲得に成功した、サッチャーらの新保守主義政治に先例のあるものであり、また近年では政党の選挙戦術として、広告代理店を通したマーケティングの手法においても多用されているものである。これまで触れてきたように、小泉政権は「抵抗勢力」として敵を効果的に名指しし、また民主党は政権交代時の選挙や政権獲得後のたとえば事業仕分けといった政策においても、自民党や官僚を「敵」として有権者の前に演出するのに一時は大いに成功した。しかしそれは長く続かず、「敵」を非難する「われわれ」の一体性が虚しいものにすぎないことが暴露されてしまった。こういった手法は、市民運動が行なう場合でも、結局同様の弱点を免れていないのではないか。

そうなることの一端は、ムフらの理論にあっては、政治と社会とを関係づける視点が欠けているために、何のために政治闘争を行なうのかということに説得力が乏しい点にある。つまり、政治的に「われわれ」を立ち上げるのに有効であれば、「敵」に何でも代入できることになるわけで、社会がどのような解決すべき問題を有しているかという肝心のことが政治闘争にとって偶然的になってしまうからである。ムフのような発想は、絶えざる闘争としての政治をそれ自体として欲する人々にはよいかもしれないが、そうでない人々にとっては、政治についてのシニカルな見方を深めるにすぎないだろう。

ムフらの議論は、「われわれ（デモス）」に何ら実体的な根拠がないことを見据えたうえで、フィクションとしての「われわれ」を立ち上げることを民主主義だとするものだった。しかしこうした議論には、民主主義をどうやって持続的に運営していけばいいのか、という点で弱点が認められる。政治はアジェンダを立ち上げる言説上の争いに尽きるわけではない。政治は、絶えずさまざまな困難な問題を生み出す現代社会にずっと付き合っていかなければならない営みであり、持続的な責任感や忍耐力が求められる。それに失敗して「われわれ」の虚構性が明らかになったとき、政治への信頼はそれまで以上に失われることは、二〇〇九年の政権交代の経験が示している。

「ポスト物質主義」の趨勢とともに、政治の領域では、政治を構成するのは階級や利益よりもむしろ言説であり、政治は言説を構成する知識に依存するという考え方が強まってきた。しかし何のために政治が必要かを問うならば、社会の実質との関連なしに政治を考えることはほとんど無意味である。政治はたしかに、経済法則や階級利害などによってあらかじめ決定されているわけではないが、しかしだからといって政治は言説を立ち上げることによって何でもできるというものではない。

複雑な現代社会にあって、政治は多くの点で社会のなかに埋め込まれているという面を持っている。政治的言説それ自体の過大評価は、むしろ政治への信頼を損ない、政治の無力化につながってしまう。当たり前のことだが、現在の政治に有効に対抗できる政治的言説を構成するためには、その前に科学の基礎知識や、この社会がどのように成り立っているのかについての「客観的な」知識が必要だということになる。

†大学と政治

本章の最後に、そうした知識の供給元のひとつである大学と政治の問題に戻ることにしたい。大学人が社会貢献を強く求められ、政治に深く関与することが当たり前になった現在、彼らがネット上を含めた世評にさらされることが多くなった。特定の政治家を批判した大学人に、その政治家の支持者たちから猛烈な非難が寄せられ、大学が謝罪（？）するなどして学問の自由が脅かされる事態も現れている。こうした場合において、大学が世論に迎合するのは自殺的行為である。

その一方で、知識人の政治関与には当然、社会的責任が伴うことについても考えておかなければならないだろう。政治家は失敗した場合、選挙で敗れるというペナルティによって一応は責任をとったとみなされるのに対して、知識人のとるべき責任は曖昧である。政権交代後の政治の失敗についても、それを支援し正当化した大学人への批判がときに現れている。こうした批判には、反知性主義的なポピュリズムに類するものも多いが、それに尽きるというわけではない。政治に失敗しても大学のポストを追われるわけではない大学人は、どのような仕方で責任を負うかということを明確にすべきである。それは職を辞するというのではなく、たとえばなぜ当初の目論見通りにいかなかったのかを学問的に解明するといった性格の責任を負うということであろう。

いずれにせよ、大学はこれまでになく政治やビジネスに関与するようになり、またそれを当然視する風潮ができあがっているが、これまで述べてきたように、知識と社会の関係は複雑であり、大学が社会的な責任を負い切れない事態が生じることが十分に考えられる。私としてはむしろ、そのような政治や社会の動きを止める働きもまた、大学で知識に関わる者には求められるべきなのではないか、と考えている。

こうした慎重論は、政治家やその他実践に関わる人々からは評判が悪い。しかし、そうした悪評は甘んじて受けるのが、大学の人間の役割のひとつではないかと思う。大学人も政治家と共に実践を求めて突き進むならば、それを止める役割の者がいなくなってしまうからである。もちろん政治に何でも反対というのではなく、説得的な評価基準を提示することで政治を枠付けることが研究者にとっての役割であり、そのことが研究者の職業的な自律性を確保することになるとも考えられる。

第10章　有限で開かれた社会へ

†日本は没落する？――グローバルスタンダードへの改革

これまで明示的には触れないできたが、日本における政治改革や経済改革を正当化するさいの最も有力な根拠のひとつは、「このままだと日本は世界のなかで取り残される」というものである。つまり日本が没落しつつあるという危機感に訴えることであった。日本の社会制度の特殊性が世界のグローバルスタンダードの導入を妨げており、改革をしないと日本は「ガラパゴス化」して競争に敗れ没落する、というのが、改革を正当化する多くの言説に共通する想定だといえる。

こうしてみると日本の民主主義に関わる議論の多くが、日本がどう見られているかといった仮想的な外的視線（それが本当に外からの視線と一致する保証はない）を取り込むことによって成り立っているということがよくわかる。こうした改革の議論には「強い日本」を求めるナショナリズムが濃厚に含まれているが、ナショナリズムは外部を想定しないのではなく、逆に外を想定して内と外とを比較することによって成り立っているのだから、それはたとえグローバルに見えても、実は内向きの議論だと言うこともできる。

ここにはすでにさまざまな問題が見え隠れする。まずグローバルスタンダードが正しいとか有効であるとかいったことがかならずしも説得的に示されているわけではなく、むしろ世界の趨勢に遅れるな、という「勢い」を根拠にした議論だということである。金融恐慌以来、アメリカを中心に採用されてきた新自由主義的な政治経済システムは、今後存続できるのかどうか疑問視されるようになってきている面もあり、そうした世界の趨勢に追随するのでよいのかという疑問が生じる。

つぎに、日本の政治経済システムの特殊性が、日本の国際的な地位低下の原因になっているのかどうかも個別に検討すべきことであって、一義的に結論を出せる問題ではないだろう。実際、日本の特殊性をめぐる評価は、比較的短い期間に大きく変化してきている。

たとえば一九八〇年代に日本の経済パフォーマンスが良好で、世界経済に脅威を与えるほどだった頃には、日本の企業の経営方式や社会制度の特殊性こそ、二〇世紀の社会・経済システムに取って替わる世界に先駆けたものとして称賛されていた。アメリカ型の大量生産とは異なる、日本企業の需要に柔軟に対応したり労働者の声を取り入れて士気を高めたりするやり方は（それが良いかどうかは別として）、「ポスト・フォーディズム」の有力候補と見られていた。

それが九〇年代のバブル崩壊以後、日本が不況から長く脱出できなかったことによる自信喪失から、特殊性を時代遅れとする考え方へと移行していくことになる。かつて八〇年代には、日本の特殊性を問題視する議論はどちらかというと左翼側から提起されていた。たとえば労働者を丸抱えし忠誠を要求する企業のあり方を批判する目的で「会社主義」とか、さらには「社畜」とかいったことばが用いられた。それに対して、現在では企業の国際競争力に力点を置いた新自由主義的立場の側が、日本の特殊性を克服する必要性を説くのが一般的である。政権交代の乏しい日本の政治の特殊なあり方を問題視し政治改革を主張する論調もまた、このような左から右への主導権の移行を伴ってきたといえる。

†普遍性と特殊性

「普遍性 対 特殊性」という対立構図が生成するのは、欧米中心に歴史的に構築されてきた世界システムに、それ以外の地域が参入するさいにはある程度は避けがたいものであるが、そこにはある種の議論のゆがみが発生することが多い。

まず普遍的だと思われている制度や慣行が、本当に普遍的と言うに値するかどうかということがある。現在では一般にアメリカを中心とする経済や政治のルールが「普遍的」だと考えられているが、もともとアメリカ的なものはヨーロッパとの対比において「例外」とされてきた。「アメリカ例外論（American exceptionalism）」がアメリカとヨーロッパの双方において長く語られてきた経緯が存在する。それが今ではアメリカのやり方がスタンダードと受け取られるようになったのは、普遍と特殊の位置づけが通用力や力関係によって入れ替わる可能性があることを示していよう。

たんに力の強い側を普遍として規範化することが正当と言うべきでないなら、他と異なっていること（特殊性）が、正義をめぐる問題なのか、それとも便宜の問題なのかを区別する必要がある。たとえば近年、日本の柔道界をはじめとするスポーツ界が、根深い暴力的・性差別的体質を今も持ち続けており、そうした闇が学校教育にも深く浸透していることが明らかにされて問題になった。これは日本の特殊性が正義の侵害に深く関わっているケースだと言うことができる。それに対して、大学の入学時期を春のままにするか秋に変更するか、というようなことは、自動車が道路の右側を通行するか左側を通行するかということと同様、便宜の問題である。便宜の問題に配慮すべき場合はもちろんありうるけれども、まず優先すべきなのは、正義が欠如するような場合への対応である。

多数者と異なること自体が悪いというわけではないことの承認は、多文化主義的な議論が成り立つ前提である。それに対してたとえば「日本のガラパゴス化」というような表現は、異なること自体が悪であるかのような思考の短絡を導きやすい。日本で「ガラパゴス化」と言われている現象は、特定地域で最適化したビジネスモデルがそのことでかえってグローバルな互換性を失うという、本来はあくまでビジネス上の不都合を指しているにすぎず、そこからビジネス上の価値を一般化して特殊性や差異そのものを非難するのは論理の飛躍である。

そもそも、「ガラパゴス化」などという言葉を比喩として用いるのは、進化論・遺伝学・生物分類学といった科学分野に大きな貢献をしており、現在世界遺産にも指定されている本物のガラパゴス諸島に対して失礼であろう。ガラパゴス諸島が他の陸地から切り離されることによって、たとえばそこに生息するカメの甲羅の文様が他に見られないような枝分かれをする、というようなことが、何か進化上の失敗や不都合を意味するわけではない。文化の領域によって、異なることがそれ自体価値を持つ場合もあるし、他とのダイアローグを必要とする場合でも差異が存在することが議論の前提として欠かせないこともある。差異をめぐる問題には繊細な判断が必要であるのに、「ガラパゴス化」などという表現はこうした繊細さを成り立たなくさせてしまう。

†「改革」は本当に必要なのか

このように、日本の国際競争力の低下がさまざまな領域で語られ、それが改革の速やかな実行の正当化理由として働いているが、これについては冷静に考えなければならない点が多い。まず、どのような方向に改革すればよいのかについて定見は存在していない。改革の内容についての慎重な判断を伴うことなく、ともかく改革が急務だといった考え方に先導されることで、改革してかえって事態が悪化するということが危惧される。つぎに、日本経済が改革の遅れのゆえに年を追って悪化しているというのは、本当にそうなのかどうか。中国にGDP総額で追い抜かれたということは、中国と日本の人口比、そして高度経済成長期とその達成後の条件の違いを考えるならば、当然のことでありそれ自体が憂慮すべき問題というわけではない。

改革論者たちは国際的なイメージにおける日本の地位低下を言い立てる傾向があるが、果たしてそうなのだろうか。日本の商品やサービスについての、上品で良質、環境に優しい、細かいところに気が利く、「可愛い」といった近年の評判は、日本人がかつて「エコノミックアニマル」などと恐れられたり、金持ちなのに「ウサギ小屋」に住んでいると軽蔑されたりしていた時代に比べて、少なくとも悪いことであるようには思えない。

それに加え、芸術・科学・スポーツなどの各分野で、「個人として」世界で活躍する日本人が顕著になってきた。かつて日本は経済力を中心に国力はあるのに国を構成している個人の顔が見えない、などと言われたが、それが今では大きく変わりつつある。日本のODAや民間企業、NGOなどによる国際協力も、一般の日本人が認識していないところで地道に成果を挙げていることが多い。地震大国としての経験を生かした耐震建築技術の提供などもなされてきた。二〇一一年の大震災後に世界から速やかに大きな額の義捐金が集まったのも、このような貢献への評価が背景にあったものと思われる。

自国への過大な評価も問題であるが、正当に評価すべきものを見失い危機を言い立てることもまた、逆の意味で判断を誤る原因となるだろう。こうして見出されてきた現代日本の良さは、排他性を持たず外の人々からも愛されていることにあると言えるので、排他的にそれを主張すべきものではない。

†「成長戦略」の思い上がり

日本の国際的な地位低下を理由として危機感を持つように迫る政治改革・構造改革の主張者の論調には、かつての追いつけ追い越せ型の進歩主義の名残がある。もちろん現代日本にはさまざまな克服すべき問題があることは確かであり、その意味では個別的には改革が必要なのは言うまでもないことである。

しかし、政府がどの程度将来の経済を予測し、それに対応した国家戦略を見極めることができるのかは、相当に疑わしい。政府が物価水準や平均株価に目標値を定めて、思い通りに操作することなど、そもそもありえそうにないことである。それは、ハイエクが批判するように、社会に分散されて存在する知識を政府が独占的に利用できると思いこむ「設計主義」的な思い上がりとなる危険が大きい。今や日本のアニメや漫画は日本の重要な輸出産業であるが、これらが萌芽した高度経済成長期に、このような未来を予測することは誰もできなかったに違いない。

また問題は、このような成長戦略の導入によって、ある産業が国家に手厚くされる一方で、成長戦略からはずれた産業や個人が、実際には社会に多く貢献しているにもかかわらず、無視されたり不利益を被ったりするという、正義や公平の欠如が生じることである。高度経済成長期には、国民共通の目標があると信じられたとしても、現在はそうではない。GDPの増大を国家目標とするような開発主義的政治がもはや可能でも望ましくもないのは明らかである。

民主党政権はこういうことを問題にしたかったのかもしれないが、検討してきたように実際に行なったことは矛盾しており、結局自民党の成長政治しかオールタナティブはないかのような印象を人々に与えることになった。この政権には目標を検討し目標と手段のあいだの適切な関係を見出す知性が欠けていたのである。

もちろん、経済成長は一度達成すればよいというものではない。開発主義を止めるといっても経済が極端に収縮してしまうような事態を避ける努力は必要であろう。だが、将来見込まれる日本の人口減少に見合ったかたちで、それにふさわしい規模の経済へとしだいに縮小していくことは、エコロジーや資源の観点からも推奨されるものであり、長期的にはその線に沿って考えることが望ましく、また必要であるともいえる。ただし、経済の突然の収縮や破綻は、経済だけでなく労働、福祉、家族、教育などの社会の諸領域に深刻な混乱や不幸をもたらす。たとえば電力供給の逼迫《ひっぱく》は、工場や一般家庭だけでなく、病院の入院患者にも重大な影響を与える。

経済発展がかならずしも国民生活に幸福をもたらすわけではないが、生活が経済と不可分であることはたしかだから、こうしたカタストロフを回避することは大切である。そのうえで従来の成長し続ける経済というような前提から脱却することが必要になろう。しかし、自民党政権復帰後さかんに言われるようになった「成長戦略」は、無限に拡大する経済、といった夢をいまだに強要するかのようである。

†「内向き」な現代の若者？

こうした日本の成長の翳《かげ》りに対する焦りは、しばしば日本の若者が内向きであることへの批判として表れてきている。経済の停滞が文化や教育に対する批判を呼び起こしている。「引きこもり」「ニート」「パラサイト」などといった言葉が用いられたのは、現代の若者をめぐる環境が変化していることに注意を向けさせるためであったが、それらの言葉はいずれもその対象とされそうな若者たちを差別し追い詰めることばとして流通してしまうことになる。これも「言説」であって、実際の若者がどのような状態であるのかはまた別の問題であるのだが、産業界や教育界における大人たちの要請と、若者の意識のあいだにギャップが存在していることを示すものであろう。

近年では、どこの大学も、グローバルに活躍できる人材の養成をその教育目標に掲げるようになった。厳しい国際競争に勝ち抜くための人材を養成することは、いまや大学の存在理由の最たるものとされている。どの大学も個性化することが生き残るための条件だと考えているのと裏腹に、掲げる理念は驚くほど画一的なものである。

ここには、何のために「グローバルな競争」に勝ち抜かなければならないのかが、説得的に示されているとは言いがたい。何か具体的に実現したい夢があって、それを実現するためには、場合によっては競争を勝ち抜く必要がある、ということであれば理解できる。しかし、競争に勝つのはあくまで手段であり、その先の目的について具体的なイメージを抱くことはむずかしい。こうしたことを考えるならば、むしろ「内向き」のポーズを取る若者たちには、現実についての把握とそれなりの抵抗の感覚が備わっているのではないかと感じられてくる。

グローバル化は、消費者の欲求水準を引き上げる効果を生みだした。消費者の欲求はこれまでの地域水準に満足できなくなり、グローバルな水準に引き上げられる。たとえば東京湾岸にできたディズニーランドの成功は、それと比べれば見劣りする日本各地の既存の遊園地をつぎつぎに閉園に追い込んだ。また投資の機会なども、国内に限られず外国株を含めグローバルに拡大していくことになる。こうして消費者・投資者としての視点は、地域的限定を離れて世界レベルの目線に容易に一体化していく。

しかしそれに対して、若者がこれから財やサービスの生産者、職業人としての自分を考えたときには、自分がどのように世界のなかで働き貢献できるか、ということについて、はなはだ曖昧なイメージしか持つことができないのが普通である。IT長者の成功談のような話はさかんに流布されても、そのようなわずかな可能性を目指して現実的に努力しようとする気になる人が少ないのは当然である。グローバル化は、消費者としての目線の無限の広がり（とはいっても、購入する資力がある限りではあるが）と、現実の自分の境遇や能力の有限性とのあいだに、越えられないギャップと、その結果としての無力感を生み出している。

†無限の欲望、有限な世界

グローバル化は、消費者や投資家の視点からすれば、こうしたより高度な消費や投資機会へ向かう欲求の無限上昇であるように見える。しかし、グローバル化の本義とは何かを考えてみるならば、異なるイメージを持つことも可能である。それは語源から「地球(globe)化」のことであり、一九七〇年代から経済成長の限界とともに言われるようになった「宇宙船地球号」の比喩が示すように、地球の有限性の意識と密接に関連したことばだと言うことができる。地球は大きいけれども有限であり、地球上の活動は身近な生活も含め何であれ、この有限な地球に与える影響を意識しないわけにはいかなくなったということを、グローバル化（地球化）という概念は示しているとも言える。

このような条件のもとで、資本主義にはなお無限のフロンティアが広がっている、ということができるだろうか。物質的な財の無限拡大はいずれ終焉するとしても、情報のような「ポスト物質主義」的な領域には、新たなビジネスのフロンティアがいくらでも見出せるというのだろうか。

たしかにIT化によりわれわれの生活はかつてよりずっと「便利」になった。一九五〇年代に世界に先駆けて大量消費文明を実現したアメリカで社会学者デイヴィッド・リースマンは「何のための豊かさ」なのかを問うたが、それに類して現在のわれわれには、「何のための便利さ」かが問われることになろう。われわれは、情報機器の進化とともに、これ以上便利になることの意義が何かがわからないままに、より便利な道具に乗り換えるように促されている。

しかし、このような「無限の便利さ」を追求する進化も、それを生活の充足の中に意味づけることがむずかしくなれば、結局はニヒリズムの影を追い払うことはできなくなるだろう。欲望の無限を追い続けることをやめて、有限であることに生の充実を見出すことへの転換が迫られている。

†閉じた共同体社会vs.開かれた市場社会

かつて人間の欲求が今からみてはるかに限界づけられており、人々の多くが慎ましい欲求で満足していたのは、技術水準が低かったことに加えて、人々の欲求水準を共同体が決めていたからだと言える。もっとも、前近代社会の共同体的な生活が環境を破壊してこなかったわけではない。たとえば古代ギリシア諸都市の繁栄のあとには荒れた土地が残されていることからもわかるように、前近代社会の理想化は正当とはいえない。しかしそれにしても、今日の文明に比べれば環境に対する負荷はずっと小さなもので済んだ。

では、無限の発展が不可能となってきた現代において、このような慎ましい共同体の生活へと戻ることが望ましいのだろうか。たしかにエコロジストのなかにはそのように主張する論者もいる。そうした主張には傾聴すべき点もあるが、しかし多くの支持を得ることは困難であるように思われる。共同体での生活は、しばしば大都市生活者のロマンを誘うけれども、実際にそのような閉じた社会に生きることは、いったん多様なライフスタイルの自由を経験した人々にとっては、ほとんど不可能なことである。また、共同体の人間関係や生活様式に諸個人を従わせることは、今日の民主主義の規範の理解からすれば、受け入れることがむずかしい点もある。

欲望が有限に制約され外部の他者に対して閉じている共同体社会か、さもなければ欲望が無限拡大し環境への負荷が大きい開かれた市場社会か、われわれにはこの二者択一しか存在しないのだろうか。今後の市場社会の進展に、環境破壊や資源の枯渇などの点から不安が増大するとしても、共同体の閉じた社会に戻るわけにはいかないならば、この危険な道を突き進むしかないのだろうか。結論を下すことはあまりに困難であるが、さしあたりこの二者択一にいくつかの留保をしておきたい。

まず、市場化がグローバルに進むわれわれの地球社会は、本当に他者に対して開かれた社会になっているかというと、疑問なことが多い。少数者に対する抑圧や排除は、世界のどこにでも見られる。これらの動きが、市場のグローバル化（およびそれに伴うとされる文明的な民主主義）が不十分であるために生じているかというと、かならずしもそういう訳ではない。市場経済の浸透が少数者を惨めな状態に置き、人々を従属させ、その希望を奪っている可能性もある。また排他的なナショナリズムも問題になっている。ナショナリズムはグローバル化によって終焉するわけではなく、むしろ逆にグローバル化と歩調を合わせてその勢力を増してきている。

ナショナリズムは一般に古い起源をもつと思われがちだが、多くのナショナリズム研究が示すように実際には主として近代の所産である。とくに一九世紀以降、産業化や進歩主義と相携えながら、まずヨーロッパで、そしてそれ以外の世界へと勢力を拡大してきた。ナショナリズムは、他のネイションと自己とを比較することによって成立しており、他国が自国を凌ごうとしているという疑念のために、自らの現状に満足することはできない。それそうしてナショナリズムは他国を凌駕《りょうが》しようとする無限の労苦を強いるものとなる。それが地獄であることは、二〇世紀の二度の世界大戦によって明らかになったが、それでも今なお、そういう終わらない悪夢からわれわれは自由ではない。

†さかさまになった全体主義

ナショナリズムに限らず、二一世紀の現代社会が開かれた社会であるどころか、一種の「全体主義」の危険から逃れていないという議論が、最近あちこちで見られるようになった（ウォーリン 二〇〇七、ルゴフ 二〇一一など）。これは二一世紀の現代が、ナチスであれ共産主義であれ二〇世紀の全体主義的イデオロギーを克服した「ポスト全体主義」の時代であることを考えれば奇妙なことである。

たしかに現代では、ジョージ・オーウェルが『1984』で描いたようなビッグブラザーによる一元的な支配などは存在せず、イデオロギーのために動員されるということもあまりない。しかし、各人は主観的には消費やライフスタイルなど広い個人的自由を享受しつつ脱政治化していく一方で、巧妙で円滑なマネジメント権力が、システムへの反対者・異端者を排除し、民主主義を骨抜きにしていくような過程が進行する。政治理論家として著名なシェルドン・S・ウォーリンは、それを「さかさまになった全体主義」と呼ぶ。

このような、権力者は姿を見せないのに誰もが喜んで自発的に権力に服従している、といった像は、バリエーションの違いはあっても、管理社会論系の議論で繰り返し出現していて、新しさのないものである。ただ、興味深いのは、このような論者たちが、現代社会に「開かれた社会における全体主義的傾向」というパラドックスを見出そうとしている点である。それはミステリ風に言えば「開いた密室」のように語義矛盾を含むものである。

たとえば、自民党が政権に復帰したあとの日本政治では、行政が市民に向けた積極的な情報の公開を要請されている一方で、「特定秘密保護法」が制定される、といった事態が進展している。こうした権力的な法制の整備は、自由で開かれた社会を防衛するという名目で正当化されている。これに対しては、日本では行政の情報公開がまだまだ不十分であること、秘密とされる情報の範囲が不十分であり、立憲主義や罪刑法定主義の点からも重大な問題をはらむものであることなどの反論がなされている。

もともと国家秘密をめぐる政治は矛盾を含むものである。しばしば指摘されているように、秘密が守られるためには、そもそも何が秘密であるのか、秘密の存在そのものが隠されることが必要となる。このように存在することそのものを権力が隠したい事柄にあっては、秘密を法律で規制し、それを漏らした者を訴追し裁くことが、逆に秘密の存在を公にすることになる。国家秘密をめぐる政治は、こうした公開と秘匿のあいだのパラドックスに追い込まれ、政治そのものが成り立つ条件を困難にすることにつながるおそれがある。

†「戦略」的思考という問題

このような問題をはらんだ方向が容易に選択されるようになった背景には、国家権力に対する警戒心が弱まってきたことがある。たとえば民主党のマニフェストにあった「国家戦略局」に見られるように、中道ないし中道左派と目された政党においてさえ、国家が戦略を持つことが当然であり必要なことと考えられるようになった。アメリカ並の強い国家でありたいという願望が日本人にかなり共有され、国家の戦略に対する警戒心を凌駕することになったのである。

国家だけではなく、企業や自治体、大学など国家以外の組織も同様に「戦略」を持つことが当たり前になった。戦略(ストラテジー)ということばはもちろん軍事に由来し、実際に戦争をするわけではないにしても、戦争がメタファーとして頻繁に用いられることの意味は何であるのかが問われる必要があろう。

戦争は当然、勝つことを目的として行なわれるのであり、戦略を立てるためには、それが仕える目的が自明であることが前提とされる。政治や経済の営みにこうした戦略的な面が必要な場合があることは否定しがたい。しかし社会全体を軍事由来の「戦略」的思考で覆ってよいかどうかは別問題である。

たとえば先に熟議のところで触れたように、ハーバーマスは、目的合理性にもとづく戦略的行為から区別して、相互的なコミュニケーション的合理性にもとづいて熟議や市民社会を定礎しようとした。またハイエクは、ハーバーマスとは全く異なる立場から市場と組織とを区別した。組織では特定の目的が共有されるのに対して、市場はそのような特定の目的を持たず、各主体のそれぞれの目的が追求されるための条件として把握される。全体を戦略的比喩で覆うことは、社会における各人の目的の多様性と、そして各々の主体が目的を自ら立ててそれを追求することができるという自由な社会の条件に矛盾する疑いがある。

†「個人化」と「全体化」が同時進行する

各人がそれぞれの目的を追求する社会は、ひとつの目的のもとに統制された軍事的な社会に比べて弱体なのだろうか。後者は一見強固なように見えるが、実は脆弱である可能性が高い。そうした社会では目的の設定が誤っていた場合に立て直すことが困難であり、各人が状況に応じて自分で判断する能力が失われるからである。それに対して、複雑な社会は、成員が自ら目的設定の自由を持つだけでなく、単純な社会の脆弱さから免れているという利点を持つ。

このような複雑な社会を、一九世紀の社会学者エミール・デュルケームは「有機的連帯(solidarité organique)」と名付けた。ここで注意すべきなのは、デュルケームが「有機的」と名付けているのは、近代以前の共同体社会ではなく、複雑な分業を伴う近代社会の方だということである。彼においては、共同体的な社会(デュルケームの用語では「機械的連帯」)では成員のあいだの差異が乏しいために、成員は容易に交換可能であるのに対して、産業社会では発達した分業によって異質な成員が結合し、互いに必要とし合っているために、連帯は強まると考えられている。

それに対し、この社会全体があたかもひとつの目的を持った組織のように、もっぱら「戦略」的な概念で把握されるならば、「戦略」の前提となる「戦争目的」に反する人間は「内なる敵」として扱われやすくなる。そうでなくても所定の目的のために役に立たない人間は、文字通り「戦力外」を通告され、「余分な人間」とされることになるだろう。そうした状況では、多くの人が自信を喪失し、自らを社会にとって不要な人間だとみなしがちである。「自己責任」という個人化の原理が、それに拍車をかける。格差社会と呼ばれる今、こうした過程が社会の各所で進行し、これまで複雑な社会を構成してきた連帯の強さが失われつつある。

このようにして、個人化が進む社会でかえって全体主義的なものの回帰が感じられている。そうした事態を把握するためには、「個人化」と「全体化」とが対立するものではなく、相互に依存し合って進行していることに着目する必要があろう。たとえばネット社会において、人々はアドレスやアカウント、パスワードなどを与えられることによって他者から区別され個人化されるが、その個人化を通して人々はネットワークのシステム内部に取り込まれ、その恩恵に与る一方で、そのシステム全体の危険から逃れることが困難になる。

現代ではテロリストやスパイなどと目される少数者から諸個人を守り、また秘密の保持やその違反者に対する厳罰を求めるといった「全体化」への方向が、民主主義（世論）自身によって求められる傾向が顕著になっている。それはわれわれの社会が、テロリストの相対的に小さな破壊行為によってシステム全体の機能不全が容易にもたらされるように、テロの効率がますます高まる社会になってきていることと関係している。そのために、ひとびとは自らの自由を手放さないために、権力による監視や厳罰化を望む傾向がある。

自由主義（リベラリズム）は、個人の権利や自由を擁護する思想として、かつては社会や政府に対する抗議の思想であった。自由主義が体制となった今でも、そういう性格が全く失われているわけではない。しかし現在では自由主義の働きの中心は、異論をシステム内部で手続的に処理できるものに限り、個人をできるだけ摩擦なしに社会へと円滑に統合するということに向かっているように思われる。それは自由主義が間違っているということではなくて、置かれている社会環境によって、その機能が変化してきているということである。その結果、社会の内部にいるわれわれにとって、この社会が開かれているのか、自分が果たして自由であるのかが、わからなくなっていく。

†ナショナリズムと連帯感

こうした日常性に対して、二〇一一年の大震災のような非常事態は、それとはかなり異なる現実を突き付けることになった。個人と全体社会とを円滑に結びつけているような制度が機能しなくなり、人間相互の結びつきを直接に意識化しないわけにはいかなくなるような事態が生み出された。

このような状況で「絆」の必要が説かれ、「頑張れニッポン」というようなスローガンが連呼された。同じ日本人として連帯するのは当然だというようなナショナリズム的感情に訴えることもまた、しばしば行なわれた。

たしかにそれは、日常的な意識の転倒の経験だった。日本の多くの大都市住民の日常意識にとって、日本の地方の大部分はもうすでに自分と関係ないどうでもよい土地であり、ニューヨークやパリや世界のリゾート地の方がずっと身近に感じられるようになっているのかもしれない。それが連日テレビなどで報道される被災地の様子に、同じ日本人として自分も無関係ではいられない、という感情がかき立てられた。このようなナショナリズム感情による連帯感の高揚を評価する向きもあった。

しかし、このようなナショナリズムと連帯感との結びつけ方は、本質的なことと付随的なこととを取り違えていると思う。先にも触れたように、日本の大震災には世界中から多大な義捐金《ぎえんきん》が集まり、救助隊も駆け付けた。この背景には、世界で発生している地震災害に対して、日本がこれまで救助活動に多くの協力をしてきた実績が評価されたという面が大きい。このところ大きな地震災害が世界中で頻発している。地震は日本に限った災厄ではないし、地震に限らず深刻な自然災害は例外的ではなくなっている。国籍を問わない協力活動が繰り返しなされており、連帯が国民的であるかどうかは付随的なことにすぎない。

†平和憲法の否定

ともかく、大震災を契機として、国土を守ることの重要性が説かれるようになったが、それは震災と前後して緊張が高まった中国、韓国との領土紛争と偶然に重なったこともあり、国家防衛の方に話がスライドしていく傾向が生じた。国家を守ることと住民の生活を守ることとは、たしかに重なる場合もあるが、かならずしも同じことではない。それは

（アマルティア・センらが提唱する）「人間の安全保障」という考え方が「国家安全保障」と同じではないことと対応する。

自民党の政権復帰後とくに顕著になったのは、戦後から長く続いてきた日本の平和主義の方向転換である。冷戦終結後、世界の秩序は不安定になり、各地で軍事紛争が絶えず、こうした不安を数え上げれば切りがないのが現代の状況である。

とくに日本を含む東アジア領域では、著しい経済成長とともに国内に多くの難題を抱える中国をはじめとして、各国がナショナリズムの強化や軍備拡大を進め、そうした方向がポピュリズム的支持を得るといった過程が進行し、国際関係は緊張を強めている。日本でも、韓国や中国の人々に対する排外的言説が高まり、自民党安倍政権はこうした声を背景として、集団的自衛権の行使を容認しさらには憲法改正を目指すなど国家主義を強める政策を行なってきた。たしかに、平和主義を掲げていればそれで道が開けるという時代ではなくなってきたという印象がある。

しかし、日本国憲法が掲げてきた平和主義を捨てることが長期的にどういう意味をもつかを冷静に考える必要がある。平和憲法下で戦後日本は高度経済成長を達成したが、それは、日米安全保障条約の定めにより、アメリカの軍事力によって保護されているという面があった。平和憲法と日米安保とは両立させることが困難であり、この矛盾を何とか言い逃れることが長らく日本の保守政治家の仕事だった。保守政党がそれでも表向きは平和憲法を否定しなかったのは、岸信介内閣が一九六〇年の安保改定で強行採決をして大規模な反対運動を引き起こしたことの教訓でもあった。

平和憲法は改正されなかったが、そのもとで決して小規模とはいえない軍隊が実質的には形成されてきた。こうした裏表のある政治や外交は当時も評判が悪かったし、今ではなおさら反民主主義的に見える。しかし、見方を変えれば、自民党政権は長らく自らの自主憲法制定の党是を急いで実行には移さず、いやいやながらであっても、平和憲法にそれなりの敬意を払ってきたと言えなくもない。平和憲法は次第に骨抜きにされていったが、それにもかかわらず、憲法は保守政党の動向を制約し、一定程度には軍事化への動きに抵抗する働きをしたといえる。

それが現在の自民党政治では大きく変化した。岸信介の直系である安倍晋三は、自らの右派的な路線が国民に支持されているという自信を持っており、それを隠そうとはしない。国益のためには国民に嫌われることをあえてする、といったかつての保守系政治家の使命感もない。彼と彼を支持する国民とはナルシシズム的な一体感でつながっているように見える。

しかし、このように「公明正大に」ナショナリズムや国家主義を主張することの結果がどういうことになるのか、それは安倍の二〇一三年一二月の靖国神社参拝がもたらした波紋に表れている。韓国や中国の政治家や世論が強く反発したのは当然だったが、それにとどまらず、最重要の同盟国であり共通の価値観のもとにあると安倍が考えているアメリカもまた、東アジアの協調を損なうおそれがあると憂慮を表明した。

国内であれ国際関係であれ、考えが異なる者のあいだで何とか共生の道を模索していくというのが、政治が最小限なすべきことであると考えられる。いずれの国家も多かれ少なかれナショナリズム的動機で動いているのが現実である以上、相手の言うなりになるのはまずい。しかし、価値観の共有を言いながら相手方の言い分を理解しようとせず、なぜ非難されているのかを考えないような態度は、政治の使命を放棄し、結局は自国民にとっても不利益をもたらすものである。また「民意」もそれを問題にしないならば、民主主義それ自体が思考停止する事態へと陥るおそれがある。

†平和主義の「理念」と「利益」

平和憲法の思想が、いまただちに実現されるものだと考えることには困難がある。私たちはそういう時代に生きている。しかし、戦争を放棄するということが究極的には正しいことを言っているのもその通りであると思う。このあいだをどのようにつなぎ、現状での困難を理由として、長期的には正しいことを捨て去るような愚をどのように避けるかを考えなければならない。

平和主義には「理念」の面と「利益」の面とがある、と考えられる。「利益」とはもちろん、戦争で死にたくはない、という誰もが持つ願望と結びついている。しかしそれゆえに、平和主義を「理念」として語ることは、しばしば自己利益を理念で粉飾する自己欺瞞だとみなされやすい。平和主義は、実は代わりに守り戦ってくれる自国や他国の人々に依存しており、それらの人々の犠牲にただ乗りをして、自己の安全を確保しようとしているのだという疑いが、しばしば投げかけられてきた。自分や自分の愛する人たちを守るためには自国を守らなければならず、そのための自己犠牲が必要なのだとする愛国心の言説の方が、いまではわかりやすく、崇高であるかのように見えるのも、平和主義の二面性の弱点と対照的であるからだとも言える。

愛国心を称える言説は、政治思想史のとくに共和主義の文脈において、むしろ普通に見られるものである。しかし、近代以後の人類史の長い過程で、こうした愛国心の言説は、結果として一国の利己的なナショナリズムに仕え、戦争の悲惨を生み出すのに加担してきたことが多いのも、またたしかである。愛国心は崇高に見えても、しばしば自分たちを他者との関係のなかに冷静に位置づけることを損なうために、かならずしも望ましい帰結をもたらすとはいえないからである。

たしかに、現時点において、平和主義の理念と利益とはかならずしも一致してはいない。しかし、この両者がいつかは一致するのだという希望をもって判断し行為することの必要性を考えてみたい。平和主義の理念を維持するためにも、そして人間は純粋にはなれないものだから、平和主義は理念と利益の二面性を持つ、いわば「不純な」考え方であることを承認し、むしろそれを前提として考えていくべきだろう。

たとえば、一六世紀イングランドの思想家トマス・モアは、その有名な著書『ユートピア』で、愛国心や勇敢さを説く多くの共和主義（たとえばマキャヴェリ）とは対照的に、「ユートピア島」の人々の徹底した戦争嫌いについて言及している。この物語によれば、平和主義で生きていくためには、狡猾《こうかつ》でなければならない。ユートピア島の住民自身は貴金属を軽蔑し、これを便器の材料などに使っているのだが、対外的にはこの貴金属を用いて近隣諸国を買収し、戦争に巻き込まれないようにする、などの現実的な策略が、ユートピアを含んで展開されている。

モア自身は、絶対主義化する国王との確執のなかで信念を曲げず、権力によって死刑にされた理念の人だったのだが、そういう人物がユートピア島の平和主義を語るうえで、理念と利益とを結合させようとしていたのは興味深い。

日本の政府に「戦略」が必要であるとすれば、それはナショナリズムがせめぎ合う困難な世界のなかで、平和主義の理念を死滅させずにどうやって後世まで送り届けていくか、ということを目的とした「戦略」であろう。利益の対立や権力拡張の野望がうごめく現在の厳しい国際関係のなかで、一国の民主主義における公開的な議論は容易にナショナリズムになびいてしまう。そんななかで平和主義を死なせずに済ませるためには、狡猾であることもときには必要となろう。それはこれまで批判していたような戦略とは異なり、競争者や敵をつくるのではなく、究極的には他国の人々と自分たちの利益が一致することを展望し、平和な共生へと紆余曲折を経ながら接近しようとするものである。

†グローバル化のもとでのナショナリズムという矛盾

この最後の章で検討してきたように、日本でもグローバル化に乗り遅れるな、という掛け声とともに国際競争で勝ち残るための戦略の必要が語られ、そのための手段として政治や経済の改革が不可避だと言われてきた。しかし、最近の政治や経済が、改革によってうまくいっているかどうかは疑わしい。日本に限らず、経済的グローバル化に賛成の論者たちは、資本主義の無限のフロンティアに期待し、政治的にはアメリカをモデルとした自由民主主義が、市場経済の展開とともに地球全体を覆うことを進歩の方向と考えてきた。

対テロ戦争時にアメリカ政府は「無限の正義」「不朽の自由」を標榜して、自らの優位性を誇った。ネオコン時代のアメリカ政府は、危険性のある非自由主義国に対しては、予防的な体制変革を暴力で強要すべきだとまで主張した。しかし、そのような考えに立ってなされたイラク戦争では、安定的な自由主義政治体制は樹立されず、戦争でイラクの人々に刻まれた傷跡はいまも癒えていない。さらにその攻撃のさいに生じた憎悪が、ISやアルカイーダといったイスラームの破壊的な勢力の栄養源ともなってきた。

こうして、アメリカをはじめとする近代文明がこれまで進んできた方向を延長し、その先の「無限の自由」を追求するような方策が、かならずしも開かれた社会を実現するものではなくて、しばしば逆に憎悪や排他性をもたらす可能性があることを見てきた。

先に述べたように、無限の進歩へと開かれた先進的なあり方か、それとも進歩に背を向けてスローで共同体的な閉じた社会へと戻っていくか、といった固定的な対立構図が、われわれにとってかならずしも意味のあるものとは思われない。もちろん現実には、TPPに参加すべきかすべきでないか、とか、グローバルな基準と自国の伝統のどちらを重視すべきか、とかいったように、こうした対立構図は個人の生き方や政治に選択を迫る力として働いている。アメリカの政治哲学における「リベラル（またはリバタリアン）対コミュニタリアン」といった学問的にいくらか精緻化された対立構図も、その基本的な発想においては、こうした惰性的な二項対立からそれほど隔たるものではない。

しかし、これまで検討してきたように、「グローバル化」と「ナショナリズム」とは、かならずしも対立的ではなく、「グローバル化」に遅れるな、という言説がナショナリズムの動因として働いていることがむしろ普通である。日本のTPP参加のような文脈では、ナショナリズムがグローバル化に抵抗するように働く面もあるが、それは状況次第だとも言える。アメリカのようなグローバル資本主義の中心国では、自国製造業の空洞化の問題を別とすれば、グローバル化を他国に要求することは、ナショナルな利益につながると見られることが多い。

一方、日本のような位置にあっては、ナショナリズムはグローバル化に関して、矛盾し引き裂かれた関係に陥りやすい。グローバルな経済競争に勝ち抜くことはナショナリズムの要請なのだが、そうするためにはグローバルな競争のルールを受け入れざるをえず、そのことがナショナリズムの依拠する自民族に固有な慣行や文化を掘り崩す恐れがあるからである。TPP参加を模索する安倍内閣に対して、左だけでなく右からも強い批判が出ているのは、グローバル化のもとでのナショナリズムのディレンマを示すものである。

いずれにせよ、ナショナリズムをグローバル化に対する抵抗の根拠とすることには問題が含まれる。まず、ネイションはベネディクト・アンダーソンが「想像の共同体」と呼んだように、実際は他人どうしから成り立っているのであって、本物の共同体ではない。かりに護るべき共同体的なものが存在するとしても、国民国家がそれを護ってくれる可能性は大きくはない。

†有限で開かれた社会

つぎに、グローバル経済の発展や進歩主義へのオールタナティブとして、「共同体」を求めることが果たして可能か、という問題がある。今では地球上のいかなる地域も何らかのグローバル化の影響を受けずには存在しえない。選択肢が、開かれた市場社会と閉じた共同体社会のあいだにしか存在しないとすれば、行き詰まってしまうだろう。こうした二元論とは異なる可能性を考えることが必要である。

無限の自由や発展を標榜する資本主義的グローバル化の方向が、実際にはそれほど開かれた社会を実現するわけではなく、むしろ新たな排他性や生きにくさを生み出しているとすれば、必要なことは、こうした組み合わせを逆転することであろう。端的に言うと、開かれた関係を求めることは、無限の発展とか進歩とかいう考え方と両立することがむずかしくなっているということである。同時にそれは共同体社会に戻ることを意味する必要はないし、また市場経済や資本主義それ自体を否定することでもないだろう。

先にも見たように、現在の市場や資本主義は、徹底した利潤動機で動いている領域もあるが、それとは対照的に利潤だけに還元されるわけではないさまざまな目的をもった社会的活動を含んで成り立っている領域もある。逆にそうした「不純」なものを含まずには、現在の市場や資本主義自身が存立できないような面もある。そういう面を拡張し、それとともに資本主義や市場を「有限で開かれた社会」を志向する方向に変容させていくことが現実的な方向であると考えられる。

このような方向に沿った試み自体はすでに社会の各所で行なわれていて、新しいものでは全くない。そうしたさまざまな試みについて語ることは、すでに多くの書物が出されているので、本書では割愛したい。また私は本書でもしばしば述べてきたように、政治や民主主義の主要な役割は、このようなさまざまな試みそれ自体であるよりは、そうした多様な活動を可能にする枠組みを考え、作ることにあると思うからである。

ただ、一つだけ瀬戸内国際芸術祭（二〇一〇年より三年に一度開催）の成功に触れておきたい。この芸術祭についてはさまざまな議論があり、またその成功によって各地の芸術祭が追随するモデルになっているのだが、少なくとも以下の点で評価に値すると思う。

瀬戸内海の島々のなかには、感染症患者の隔離施設になったり、戦争目的で利用されたり、戦後では産業廃棄物の不法投棄場所にされたりするなど、悲しい歴史を負う島々が存在する。それに加え、近年では高齢化や過疎化が著しく進行している。瀬戸内海は、本州と四国のあいだに巨費を投じて建設された高速道路橋によって跨《また》がれることにより、本州と四国のあいだの行き来は便利になったが、たいていの島は繁栄から見捨てられ、また本土でも島々でも多くの港町がその賑わいを失った。この芸術祭は、島々の過去と対話し、芸術の不思議な力によって歴史の重荷から解放するとともに、海と島々の賑わいを取り戻そうと試みている。

架橋や道路建設の側から見れば、海は交通を阻害するものでしかない。しかし、日本では昔から海運が大きな役割を果たし、大坂と北陸、東北、北海道を結んだ北前船のようにモノとともに文化をも運んだ経緯がある。海が物流を担い人々をつなぐ役割をしていることは今も変わりないのだけれど、そういうことが意識される機会は乏しい。そんななかで、船に乗って小さな島々を順にめぐり、島々の風景に溶け込んだ現代芸術のインスタレーション作品を鑑賞するというこの芸術祭のスタイルは、都会生活に比べれば著しく不便なものであろうが、その不便さを魅力に変えるとともに、海が人をつなぐということを思い起こさせるきっかけを与えてくれる。

芸術祭は、芸術家や支援者と現地の生活者、若者と高齢者といった異質の人々を結びつけるという開かれた性格を持っている。また、この芸術祭の中心である直島は、海外でも芸術の聖地としてよく知られ、多くの海外からの旅行者が訪れて交流がなされている。日本にはこのようなかけがえのない場所があるということを世界にアピールすることもまた、ひとつの平和戦略だと言えるだろう。

†不確実性の時代に「国家戦略」は無力だ

戦略的思考の重要性が社会の各領域で主張されるようになったのは、今日の社会が不確実性を深めているからだと言えるが、しかしある意味では、不確実性がより深化すれば、戦略的思考はむしろ無力になる可能性がある。なぜなら戦略が成り立つためには、目的を共有しそれを自明化することが先立たなければならないのに、今日の不確実性は、何を人生や社会の目的とすればよいのか、という点で答えが出ない状況にあるからである。

そういう状況で、こう生きるのが正しいなどと言うことはできない。「望ましい人間像」が政府によって示されたり、政府によってでなくても社会的に特定の生き方が事実上強制されたりするような事態は避けられるべきである。

明確な強制でなくても、「国家戦略」などを正当化の根拠として、特定の生き方のために税金を投入することにも疑問がある。そうした「国家戦略」は、不確実性の深まった時代には失敗することが多く、失敗すれば当然税金の無駄遣いとなってただでさえ悪い財政状況をいっそう悪化させる。のみならず「成功」した場合でも、それによってもたらされるのは、税金が投入された産業や地域のみが栄え、そうでないところはいっそう寂れるといった不公平な事態であろう。現在のような格差社会的な状況では、こうして得られた一部の利益が広汎にゆきわたる可能性は乏しい。

新自由主義によって拡大した不公平感を、政策がさらに後押しするならば、それらの利益から漏れる産業や地域で働く人々が、まじめに働こうとはしなくなるだろう。それぞれ異なる目的を持って働き生きる人々のあいだに、共生の関係を作りあげることがいっそう困難になっていく。

†リバタリアニズムvs.新自由主義

そうだとすれば、人間の活動目的は各人が決めればよいことであって、政府は介入すべきではなく、縮小すればするほどよい、というリバタリアニズムの思想は、一考に値するかもしれない。通常リバタリアニズムは、資本主義にとっての制約を取り払い、無制限の自由競争によって資本主義を極限まで発展させる考え方だと見られている。しかし、リバタリアニズムが考えるように、人生の目的があまりに多様でかつ相互に通約することのできない価値を有しているとすれば、資本主義的な競争の枠に収まらない生き方が認められて当然である。たとえば、グローバルに活動する多忙で富裕な実業家の人生と、すべての富を捨て森の奥深くに隠棲して救いを待つ宗教家の人生とでは、どちらが優れているとか勝者であるとかいった基準が成り立たない。

そして暴力的に資本主義を否定したり破壊したりするのでなければ、資本主義的な生き方とは根本的に異なる価値にもとづく生き方がリバタリアニズムにおいて承認されるのは、むしろ当然であると言える。リバタリアニズムに何らかの意味があるとすれば、新自由主義との差異においてであると考えられる。

たとえば国家についての考え方を見ると、リバタリアニズムは最小限国家や国家の廃止を主張する点で、新自由主義の極端化したものとされることが多いが、両者を程度の差だと言うことはできない。

新自由主義はたいてい新保守主義を伴い、むしろ国家の強化と相携えて市場的関係の拡大をねらってきた。歴史的にも資本主義の発展は、国家によって支えられてきた面が大きい。巨額の資金を要し、その回収に長い年月のかかる資本主義発展のためのインフラへの投資は、民間で担うにはリスクが大きすぎるために、国家によってなされることが多かった（たとえば、現在リニア新幹線は民間企業とされるJR東海が税金の援助なしに建設するとしているが、この事業の財源は国家事業として建設されたあと民間に売却された東海道新幹線の膨大な収益に基づいている)。リバタリアニズムが新自由主義や資本主義的発展と対立することがあるとすれば、このような局面であろう。

無限の発展という近代以来の悪夢への抵抗を、全体目標に対する個人の権利という摩擦によって、リバタリアニズムから「も」引き出す可能性があるのではないか、というのが私の小さな期待である。そのことはもちろん、リバタリアニズムを支持するということではない。その可能性を認めたうえでも、以下のような重要な問題の検討が必要になる。

†国家が例外的にもつべき共通目的

イギリスの政治哲学者マイケル・オークショットは、政治社会(civil association)の特有の性格を、企業社会(enterprise association)から区別して、前者は後者と異なって特定の共通目的を追求しないことに見出した(オークショット 一九九三)。国家が特定の目的を有しない、というのは奇妙に思えるが、出入りが自由な企業社会とは異なり、脱退することが困難である政治社会では、目的を異にする人々が共生し国家目的に反する人々が排除されないために、これは自由の条件をなすということが理解される。オークショット自身はリバタリアンではないが、このような考え方はリバタリアン的な思考にとっても基礎をなすと言うことができよう。

ところでオークショットは、政治社会が持つべき例外的な共通目的として、政治社会自体の存続を挙げた。警察や防衛は、そのなかで多様な目的を持った生が可能になるための政治社会の存続条件として正当化される。今日でもそれは変わらないだろうが、付け加えるべきものがある。

まず、環境の制約であり、環境が破壊されるならば、多様な生活の展開が妨げられるため、環境の保全は共通目的として必要である。もうひとつは少なくとも最低限の生活を保障することである。それがない場合は、絶望感にとらわれた人々によって暴力が常態化し、多様な生の共存が脅かされる可能性を否定できない。

もっとも、最低限の生活保障のラインをどこに引くかは、長らく決着の付かない問題であり続けてきた。生存の最小限でよいのか、先進諸国での水準をもとにするのでよいのか、文化的要素を加えるのか、モノではなく各人の潜在能力（ケイパビリティ）の視点から考えるべきであるのか、といった難題である。本書でこの困難な問題に立ち入ることはできないが、できるだけ多様な生の共存を実現するという視点から、必要な制約やそれに応じた政府の役割を多面的に考えていく必要があると思われる。

以上のように考えたからといって、自らの能力を自負しグローバルな競争を勝ち抜こうとする人々の生を否定することにはたぶんならない。そういう人たちがある程度いることは、社会にとって必要であるとも言えるし、グローバル化した社会のなかでそのような人生のチャンスが失われる心配もないだろう。

むしろ問題は、新自由主義の影響のもと、そのような競争的生き方をあたかも万人に要求するかのような、またそのように生きることができない（あるいは望まない）人の価値を剝奪するような風潮が強まっていることにある。生き残るためには無限の競争を勝ち抜くしかないという考え方は、現代資本主義のある側面だけを一般化するものであり、多くの人々に希望よりも不当に過剰なストレスを与えるものである。共生ということをまじめに考えるためには、グローバル化についてのこのような一般的理解から距離をとることが重要だと思われる。

†新自由主義からの脱却は本当に可能か――「仕方がない」の悪循環

本書では多く新自由主義には否定的に言及してきた。この概念自体多義的であり、しばしば「敵」を単純化するために藁人形《わらにんぎよう》的に用いられたりもするが、それでも新自由主義的な考え方や政策は、拡大する経済格差、個人間や集団間そして国家間対立の深まり、自然からの搾取の強化と環境の危機などの深刻な諸問題に、少なくない影響を及ぼしていると言うことができよう。ではそうはいっても新自由主義からの脱却は可能なのだろうか。

新自由主義に対するオールタナティブが必要だという議論はいくらでもあるが、つねに問題になってくるのは、この可能性についての疑念だと言っても過言ではない。

新自由主義について、このような問いが立てられること自体が、ある種の奇妙な事態を表現しているとも言える。新自由主義が正当化される場合の多くは、それ自身が有する価値や魅力であるよりも、たいていは、生き残るためには新自由主義的な要請に従うしかない、という理由によるものである。「仕方がない」ものとして新自由主義的改革や政策は多く受け入れられてきた（有名なサッチャーの There Is No Alternative: TINA が想起される）。世界の多くの人々、そして多くの団体や政府や、企業の経営者たちさえもが（もちろんビジネスチャンスの拡大として期待する向きもあるが、それがすべてというわけではない）、新自由主義を喜んで受け入れているというわけではなく、そうしないと生き残れないという理由で選択しているという状況が存在する。この強迫性こそがこれまで新自由主義の強みとして作用してきた。しかし、逆に言うとこれほどその通用力が「仕方がない」という理由や口実に依存する思想も少ないということができる。新自由主義自体に積極的な価値があるかどうかは疑問である。

たしかに、このように現在猛威を振るっている新自由主義的な考えは、もともと人々の欲求や自由と無縁に外から押し付けられたものだったわけではない。主として先進諸国の消費欲求、より良いものをより安く便利に世界中から手に入れたいという欲求、日常生活におけるリスクを低下させ、安全に暮らしたいという欲求、こうした無数の人々の欲求を満たすことのできる合成された力として、新自由主義は受け入れられ、作用するようになった。

しかし、その結果、新自由主義の思考と実践は、非人称的な権力作用として、先に挙げた多くの問題を含み、けっして多くの人が望むわけではない、コントロール不可能な怪物的な力として現れるようになった。何のためにこんなものに従属していなければならないのかという怒りや疑問がしばしば提起され、反対運動や対抗的な政治の場を構成するようになってきている。

もちろん本書で語ってきたように、政治が何でもできるというわけではなく、容易に新自由主義を転覆できるというわけではない。むしろ問題は、「仕方がない」ではいけないとして政治変革の重要性を説く政治が、その改革内容を新自由主義によって規定されているために、改革を進めれば進めるほどいっそう「仕方がない」困窮の状況が悪化するということになってしまっている点である。新自由主義以外の政治的想像力が枯渇していることが、その原因である。

リバタリアニズムにしても、もともとはR・W・エマソンやH・D・ソローの思想に負っていた。たとえばソローが税金不払いの闘争を行ない逮捕もされたことは、現在に至るまで政府の縮小を要求するリバタリアン的な思想や運動の原点とみられてきた。しかしソローは、自分の財産の権利を要求するためにそうしたのではなく、アメリカ連邦政府によるメキシコ領有の戦争に対する公的な抗議の意志の表明として税の支払いを拒否したのだった。『森の生活』を書いたソローは、エコロジー思想の源流としてもよく知られているように、自然界のなかに生きる存在としての人間の自由について深い考察を行なった。このように、新自由主義的に縮められたのではない自由の意味を取り戻す必要があると言えるだろう。

†有限性の制約のもとでの民主主義

これまで考察してきたように、今日の民主主義は、正義や公平、他文化や少数者への配慮、エコロジー的バランスなどさまざまの規範によって、これまでにないほど制約されている。これは進歩主義の時代が終わった今、人間の有限性が政治の条件となっていることを意味している。制約のない民主主義は空疎で危険であり、民主主義の自壊にしかならない。民主主義はわれわれの存在条件の有限性に見合ったものになる必要がある。それらの規範は、民主主義を一定の枠に制約するが、同時に民主主義に充実した内容を与え、それを促進するという面を持っている。

そして、われわれの生きている世界が有限であることを意識するなかで、逆にそれらに尽きることのない充足感や愛着が生まれてくるとも言える。たとえば、大都市の一メートル四方しかないコンクリートの間隙にさえ、植物や昆虫そして眼に見えない無数の微生物たちの織り成す尽くしえない営みが存在するように、ある意味では有限のなかに無限な可能性が含まれていると考えられるからである。

人間の社会もまた、ある意味では自然界に似て、通常は意識しないものも含めて数限りない相互依存関係からできあがっている。その巨大でしかし有限な人間社会が、さまざまな不幸や不正義を含みながらも、なお社会として成り立っていることの方が奇跡と呼ばれるべきかもしれない。生態学的世界と同様、人間の相互依存する社会も、壊れやすいものである。それらを何とか守って生き、そして将来世代に手渡していくということは、何もせずたんに保守するということにはとどまらず、必要な作為を加えることを要請している。今の民主主義はいろいろな意味で先が見通せなくなっているが、長期的にはそういう営みとしての民主主義の意味を見失わないようにしたいと思う。

参照文献

※本文中で参照した文献のほか、本書を書くうえでとくに影響を受けた書物を含む

宇沢弘文　一九七四『自動車の社会的費用』岩波新書
宇野重規　二〇〇七『トクヴィル――平等と不平等の理論家』講談社
佐伯啓思　二〇一三『文明的野蛮の時代』NTT出版
佐々木毅　二〇〇九『政治の精神』岩波新書
田村秀　二〇一二『暴走する地方自治』ちくま新書
豊永郁子　二〇〇八『新保守主義の作用――中曽根・ブレア・ブッシュと政治の変容』勁草書房
　イギリスと日本の「新保守主義」を比較して論じる政治学の書物。冷静な分析と「新保守主義」の一種の異様さに迫ろうとする問題意識とが溶け合い、刺激的な書物となっていて、私も多くを学ばせていただいた。
日本政治学会編　一九九六『五五年体制の崩壊――一九九六年度 年報政治学』岩波書店
樋口陽一　二〇一一『いま、憲法は「時代遅れ」か――〈主権〉と〈人権〉のための弁明』平凡

社

藤田省三 一九六四「「プロレタリア民主主義」の原型」(『藤田省三著作集 3』みすず書房、一九九七年に所収)

今ではアナクロにしか思えないタイトルの論文だが、冒頭に民主主義一般についての原理的考察が置かれている。何やらただものではない気迫が感じられる。書かれている主張について、私は同意できないことも多いのだが、民主主義の人間的意味を考えたい人にお勧めしたい。

村上泰亮 一九九二『反古典の政治経済学』上・下、中央公論社
松下圭一 一九七五『市民自治の憲法理論』岩波新書
丸山眞男 一九四九「軍国支配者の精神形態」(『丸山眞男集 第四巻』岩波書店、一九九五年に所収)
丸山眞男 一九五二『政治の世界』(『丸山眞男集 第五巻』岩波書店、一九九五年に所収)
丸山眞男 一九六〇「この事態の政治学的問題点」(『丸山眞男集 第八巻』岩波書店、一九九六年に所収)
見田宗介 一九九六『現代社会の理論』岩波新書
見田宗介 二〇〇六『社会学入門』岩波新書

私は長く社会学者である見田氏に学び、影響を受けてきた。この二冊の新書で展開されている、近代の発展の限界の先に何が到来するのかについてのスケールの大きな考察は、私の今回の書物のとくに第Ⅲ部にとって不可欠の参照点となっている。

三宅芳夫、菊池恵介編 二〇一四『近代世界システムと新自由主義グローバリズム――資本主義は持続可能か?』作品社
私の今回の書物には欠けている、グローバルな世界秩序の変容という視点で現代社会を論じた書物。そのなかの、広井良典氏と編者の三宅氏とのあいだの、定常型社会の可能性をめぐる討論はとりわけ示唆的である。
藪野祐三 二〇〇九『失われた政治――政局、政策、そして市民』法律文化社
吉田徹 二〇〇九『二大政党制批判論――もうひとつのデモクラシーへ』光文社新書
山口二郎 二〇一二『政権交代とは何だったのか』岩波新書

*

イングルハート、ロナルド／三宅一郎ほか訳 一九七八『静かなる革命――政治意識と行動様式の変化』東洋経済新報社
ウォーリン、シェルドン・S／尾形典男ほか訳 二〇〇七『政治とヴィジョン』福村出版
〈政治的なもの〉を擁護しようとする特異な視点から書かれた政治思想史の通史。二〇〇四年に原著で大幅な増補が行なわれた。そのなかの第17章に現代の全体主義についての記述がある。
オークショット、マイケル／野田裕久訳 一九九三『市民状態とは何か』木鐸社
クラウチ、コリン／山口二郎監修、近藤隆文訳 二〇〇七『ポスト・デモクラシー――格差拡大

の政策を生む政治構造』青灯社
サンスティーン、キャス／石川幸憲訳 二〇〇三『インターネットは民主主義の敵か』毎日新聞社
ドゥブレ、レジスほか／水林章ほか訳 二〇〇六『思想としての〈共和国〉――日本のデモクラシーのために』みすず書房
トッド、エマニュエル／石崎晴己訳 二〇〇九『デモクラシー以後――協調的「保護主義」の提唱』藤原書店
バウマン、ジグムント／伊藤茂訳 二〇〇八『新しい貧困――労働、消費主義、ニュープア』青土社
パットナム、ロバート・D／柴内康文訳 二〇〇六『孤独なボウリング――米国コミュニティの崩壊と再生』柏書房
バーバー、ベンジャミン／鈴木主税訳 一九九七『ジハード対マックワールド――市民社会の夢は終わったのか』三田出版会
ハンチントン、サミュエルほか／綿貫譲治監訳 一九七六『民主主義の統治能力（ガバナビリティ）日本・アメリカ・西欧――その危機の検討』サイマル出版会
フーコー、ミシェル／慎改康之訳 二〇〇八『生政治の誕生――コレージュ・ド・フランス講義 1978-79年度』筑摩書房

ムフ、シャンタル／千葉眞ほか訳 一九九八『政治的なるものの再興』日本経済評論社
ライシュ、ロバート／雨宮寛、今井章子訳 二〇〇八『暴走する資本主義』東洋経済新報社
ランシエール、ジャック／松葉祥一訳 二〇〇八『民主主義への憎悪』インスクリプト
ルゴフ、ジャン＝ピエール／渡名喜庸哲、中村督訳 二〇一一『ポスト全体主義時代の民主主義』青灯社

あとがき

本書の成立の経緯については、「はじめに」に書いたとおりであるが、ここではひとこと前著『変貌する民主主義』との関係に触れておきたい。

『変貌する民主主義』を出版した翌年、日本で政権交代があった。この出来事の重要性を考えると、前著をこのままにしておくわけにはいかない気がして、政権交代を論じる文章を補論として付けた増補版を出そうか、などと当初は考えていた。しかし、書き始めてみると、増補すべき部分が大きくなり、独立した一書を成す分量へと増えていった。そうしているうちに、民主党政権の失墜、東日本大震災、自民党の政権復帰と出来事が相次いだために、当初の原稿を書き換えたり、重点を移行させたりしているうちに、時間ばかり経過して、なかなか出版できなくなってしまった。

その途中二〇一一年の大震災で、私の研究室は本棚から落ちてきた書物や書類に埋もれ（とくに被害はなかったのだが）、床の上にPCを置いて、とりあえず仕事を再開しようと第Ⅱ部となる日本政治の部分を書いていたことを思い出す。比較的早期に書いた箇所は、表層の部分では現在とは事情が変化した点も多く、「何を今さら」と思われる記述が多いかもしれないが、逆に忘れられそうなことを書き留めておくことも大事かと思い、多くはそのままに残した。もちろん、それ以上に重要なのは、政権交代時と現在とを貫いて存在する民主主義の原理的な問題であり、これらは第Ⅱ部の末尾から第Ⅲ部を構成することになった。以上が、本書が新書としてはメタボなサイズとなり、読者に多くの労力と時間を強いることになったことへの言い訳である。

前著と並べてみると、書名によって私の民主主義への見方が悲観論へ傾いたような印象を読者に与えるかもしれないが、それはかならずしも当たっていない。前著でも複雑になった民主主義が見通しの利かない多くの問題を抱えていることに触れていたし、今回も長い眼で見れば民主主義に希望がないわけではないことを言おうとした。前著との相違点は、前著が民主主義思想一般を扱ったのに対して、今回は日本の政権交代という時間と場所が限られたトピックから始めて、そこから民主主義を取り巻く思想的環境へと拡大していくというアプローチをとったことにある。そういう意味で、本書は現代民主主義思想論としては取り上げる主題が偏っており、また取り上げることのできなかった主題も多い。

なかでも、今回扱えなかったもののなかに、「テロに直面する世界」という大きな問題がある。いわゆるイスラーム過激派の残虐なテロ行為の背景には、アメリカの対イラク戦争をはじめ、先進諸国が行なってきた支配や搾取、適切さを欠いた対応があり、世界秩序の構造的な問題が横たわっていることは言うまでもない。

さらに、西欧諸国で若者が自ら志願してテロリスト集団に参加するケースが相次いだことが注目されたように、他者を巻き込みつつ自己破壊の衝動に身を委ねるといった、現代人の深刻なニヒリズムの問題が先進諸国の根底に存在する。もちろん日本もこうした危険を免れていない。このようなニヒリズムの衝動は、民主主義の個々の問題にかかわるというよりは、民主主義の前提を根こそぎにする危険を有している。本書の第Ⅲ部の延長として、ニヒリズムと対抗できるような民主主義の思想的基盤があるとすればそれは何であるかを、これから問うてみたいと考えている。

本書を執筆する過程で、いうまでもなく多くの方々からご指導をいただいているが、前著同様、お名前を挙げることはすべて省略させていただくことをお許し願いたいと思う。本書の一部分（たとえば第9章）については、いくつかの研究会で発表させていただき、コメントにも恵まれたことに、この場を借りて感謝を申し上げたい。最後に、今回も長い期間にわたって、筑摩書房編集部の増田健史氏に大変お世話になったことを深く感謝する。

二〇一六年二月

森　政稔

ちくま新書
1176

迷走《めいそう》する民主主義《みんしゅしゅぎ》

二〇一六年三月一〇日　第一刷発行

著　者　森　政稔（もり・まさとし）

発行者　山野浩一

発行所　株式会社　筑摩書房
東京都台東区蔵前二-五-三　郵便番号一一一-八七五五
振替〇〇一六〇-八-四一二三

装幀者　間村俊一

印刷・製本　株式会社　精興社

本書をコピー、スキャニング等の方法により無許諾で複製することは、法令に規定された場合を除いて禁止されています。請負業者等の第三者によるデジタル化は一切認められていませんので、ご注意ください。

乱丁・落丁本の場合は、左記宛にご送付ください。送料小社負担でお取り替えいたします。
ご注文・お問い合わせも左記へお願いいたします。
〒三三一-八五〇七　さいたま市北区櫛引町二-六〇四
筑摩書房サービスセンター　電話〇四八-六五一-〇〇五三

© MORI Masatoshi 2016　Printed in Japan

ISBN978-4-480-06881-1 C0231

ちくま新書

294 デモクラシーの論じ方 ――論争の政治 杉田敦

民主主義、民主的な政治とは何なのか。あまりに基本的と思える問題について、一から考え、デモクラシーにおける対立点や問題点を明らかにする、対話形式の試み。

465 憲法と平和を問いなおす 長谷部恭男

情緒論に陥りがちな改憲論議と冷静に向きあうには、そもそも何のための憲法かを問う視点が欠かせない。この国のかたちを決する大問題を考え抜く手がかりを示す。

535 日本の「ミドルパワー」外交 ――戦後日本の選択と構想 添谷芳秀

「平和国家」と「大国日本」という二つのイメージに引き裂かれてきた戦後外交をミドルパワー外交と積極的に位置付け直し、日本外交の潜在力を掘り起こす。

594 改憲問題 愛敬浩二

戦後憲法はどう機能してきたか。改正でどんな効果が期待できるのか。改憲論議にはこうした実質を問う視角が欠けている。改憲派の思惑と帰結をクールに斬る一冊！

655 政治学の名著30 佐々木毅

古代から現代まで、著者がその政治観を形成する上でたえず傍らにあった名著の数々。選ばれた30冊は混迷を深める時代にこそますます重みを持ち、輝きを放つ。

722 変貌する民主主義 森政稔

民主主義の理想が陳腐なお題目へと堕したのはなぜか。その背景にある現代の思想的変動を解明し、複雑な共存のルールへと変貌する民主主義のリアルな動態を示す。

905 日本の国境問題 ――尖閣・竹島・北方領土 孫崎享

どうしたら、尖閣諸島を守れるか。竹島や北方領土は取り戻せるのか。平和国家・日本の国益に適った安全保障とは何か。国防のための国家戦略が、いまこそ必要だ。

ちくま新書

948
日本近代史
坂野潤治
この国が革命に成功し、わずか数十年でめざましい近代化を実現しながら、やがて崩壊へと突き進まざるをえなかったのはなぜか。激動の八〇年を通観し、捉えなおす。

957
宮中からみる日本近代史
茶谷誠一
戦前の「宮中」は国家の運営について大きな力を持っていた。各国家機関の思惑から織りなされる政策決定を見直し、大日本帝国のシステムと軌跡を明快に示す。

983
昭和戦前期の政党政治
——二大政党制はなぜ挫折したのか
筒井清忠
政友会・民政党の二大政党制はなぜ自壊したのか。軍部台頭の真の原因を探りつつ、大衆政治・劇場型政治が誕生した戦前期に、現代二大政党制の混迷の原型を探る。

1002
理想だらけの戦時下日本
井上寿一
格差・右傾化・政治不信……戦時下の社会は現代に重なる。その時、日本人は何を考え、何を望んでいたのか？体制側と国民側、両面織り交ぜながら真実を描く。

1096
幕末史
佐々木克
日本が大きく揺らいだ激動の幕末。そのとき何が起き、何が変わったのか。黒船来航から明治維新まで、日本の生まれ変わる軌跡をダイナミックに一望する決定版。

1132
大東亜戦争　敗北の本質
杉之尾宜生
なぜ日本は戦争に敗れたのか。情報・対情報・兵站の軽視、戦略や科学的思考の欠如、組織の制度疲労——多くの敗因を検討し、その奥に潜む失敗の本質を暴き出す。

1136
昭和史講義
——最新研究で見る戦争への道
筒井清忠編
なぜ昭和の日本は戦争へと向かったのか。複雑きわまる戦前期を正確に理解すべく、俗説を排して信頼できる史料に依拠。第一線の歴史家たちによる最新の研究成果。

ちくま新書

469 公共哲学とは何か　山脇直司
滅私奉公の世に逆戻りすることなく私たちの社会に公共性を取り戻すことは可能か？　個人を活かしながら公共性を開花させる道筋を根源から問う知の実践への招待。

532 靖国問題　高橋哲哉
戦後六十年を経て、なお問題でありつづける「靖国」を、具体的な歴史の場から見直し、それが「国家」の装置としていかなる役割を担ってきたのかを明らかにする。

946 日本思想史新論 ——プラグマティズムからナショナリズムへ　中野剛志
日本には秘められた実学の系譜があった。『TPP亡国論』で話題の著者が、伊藤仁斎、荻生徂徠、会沢正志斎、福沢諭吉の思想に、日本の危機を克服する戦略を探る。

1000 生権力の思想 ——事件から読み解く現代社会の転換　大澤真幸
我々の生を取り巻く不可視の権力のメカニズムとはいかなるものか。ユダヤ人虐殺やオウム、宮崎勤の犯罪など象徴的事象から、現代における知の転換を読み解く。

1039 社会契約論 ——ホッブズ、ヒューム、ルソー、ロールズ　重田園江
この社会の起源には何があったのか。ホッブズ、ヒューム、ルソー、ロールズの議論を精密かつ大胆に読みなおし、近代の中心的思想を今に蘇らせる清冽な入門書！

1099 日本思想全史　清水正之
外来の宗教や哲学を受け入れ続けてきた日本人。その根底に流れる思想とは何か。古代から現代まで、この国のものの考え方のすべてがわかる、初めての本格的通史。

1146 戦後入門　加藤典洋
日本はなぜ「戦後」を終わらせられないのか。その核心にある「対米従属」「ねじれ」の問題の起源を世界戦争に探り、憲法九条の平和原則の強化による打開案を示す。